AF142814

Edition : BoD - Books on Demand

12/14 rond-point des Champs Elysées

75008 Paris

Imprimé par BoD – Books on Demand, Norderstedt

ISBN : 978-2-322032532

Dépôt légal : juin 2013

Jean-François Farid BOUKRABA

Le Penseur

Théâtre

Pièce en deux actes

PRÉFACES

Dans cette pièce, contrairement aux apparences, le héros n'est point le Penseur. Nous pourrions le croire mais non. Car l'affection du protagoniste passe pour moi par Hovhannès. Et mon affection pour lui s'accroît en raison de son appartenance au Christ Dieu et en raison aussi de mon aversion totale envers Alexandre et tout ce que celui-ci peut représenter à mes yeux.

Ce dernier, suit pas à pas tous ses mauvais penchants et avec une telle opiniâtreté qu'il me serait difficile ici de le faire comprendre au lecteur. Quoique je désirasse qu'il disparût lui et tous ses semblables de la surface du globe, je l'ai quand même laissé s'exprimer assez librement. Néanmoins mon pauvre cœur n'est point du tout avec lui. Oui, mon faible cœur est saisi d'une véritable terreur en songeant à lui et à ses épigones. Et quand je plonge mon regard dans celui déchiré de Hovhannès, je me sens comme plongé dans l'abîme du monde.

Et puis chaque fois que Hovhannès bouge, s'assoit, se blottit sur son oreiller, ou s'il saute sur une occasion pour dire tout ce qu'il pense, je me fourre alors dans tout ce qu'il fait ou dit ; je me jette délibérément presque par terre, ou bien, en rêve, je lui demande de se blottir dans ma poitrine. On l'aura compris, je m'identifie absolument et obligatoirement à ce personnage de papier.

Il m'est très difficile de dire ce que je pense de cette pièce, d'autant que je n'y emploie pas suffisamment de recul aujourd'hui encore. Mais j'avoue avec bonheur que je suis peut-être en train de briser avec elle une certaine loi de silence. J'ose même avouer que j'ai sans aucun doute osé violer l'un des derniers tabous : je n'en sais rien, mais peut-être bien, ai-je là démoli le mythe du « Paradis pour tous » et de tous ses épigones. D'aucuns, avant moi, ont dû sentir que ce « Paradis pour tous » sentait le salpêtre et le soufre. Et vous, dites, qu'avez-vous senti ?

Sans nul doute contredirai-je avec cette pièce des chansons mensongères comme celle de Michel Polnareff qui témoigne mordicus que «on ira tous au paradis » ? Cela dit, mes petits-enfants, qu'est-ce qui vous permet d'espérer une chose pareille ? Vous autres convoyeurs de pareilles chansons ? N'est-ce pas une grande sottise ? Et depuis longtemps, du côté oriental comme du côté occidental ! En dehors de toute autre considération, ils nous apportent une pseudo-espérance. Mais peu importent les mots. Je dois dire qu'au contact de mes frères et sœurs catholiques, j'ai appris pas mal de choses et pas simplement les vérités chrétiennes. Ensuite, que d'erreurs ai-je dû éliminer comme celle de l'apocatastase. C'est très important les véritables dogmes !

Cette pièce m'a permis, durant plus d'un mois, d'être un dramaturge mais surtout un observateur privilégié de mes personnages de papier. J'ai d'abord été à Meyreuil et ensuite à Gardanne une sorte de porte-plume de mon Bien-Aimé Jésus-Christ. Et premièrement c'est vraiment sous sa dictée que j'ai écrit notre pièce. Et deuxièmement nos relations à tous deux furent toujours amicales. C'est donc uniquement comme ami et comme son homme de théâtre que je l'ai écrite. N'en déplaisent à certains qui y verront certainement de la superstition. Ou bien quelque chose d'autre. Mais je ne suis pas un déséquilibré, encore moins un fou furieux. Car chacun voit midi chez lui.

Mais cependant j'aimerais pour finir ajouter ceci. L'ajouter au sujet de certains de mes personnages et dire tout comme Saint Paul : « Qui est faible, que je ne sois faible ? Qui vient à tomber, qu'un feu ne me brûle ? »

Voyez donc le cœur paternel de Paul, mais voyez-le souffrant aussi la perdition des Juifs de son temps : « J'éprouve une grande tristesse et une douleur incessante en mon cœur. » Et pour en finir avec les citations, je proposerai celle du prophète Osée, eu égard à Alexandre et à tous les méchants qui lui ressemblent : « Ils sont devenus aussi abominables que les choses qu'ils ont aimées »...

Je pourrais étayer ma préface mais je préfère m'arrêter là et je renvoie à ma postface en fin de pièce.

Cette préface et la postface sont toutes deux volontairement courtes.

Qu'on m'en excuse.

Aussi bien bonne et fructueuse lecture à toi très cher lecteur.

L'auteur

Si au théâtre les trois coups frappés sur le plancher de la scène par un brigadier symbolisent comme au moyen âge la trinité ou seulement les trois saluts donnés par les comédiens, je tiens dans cette préface au Penseur de Jean-François Farid Boukraba à me saisir de ce bâton pour réunir tous ses symboles.

Car ces trois coups ou même les six que l'on a pu entendre si souvent résonner à la Comédie Française, je les ai perçus tout au long de la lecture, tant les personnages cohabitant dans une cellule de prison avec une statue dénommée : le PENSEUR ont une seule destinée, celle d'être représentés sur scène.

C'est une pièce qui se déroule en deux actes dans un huis clos sordide et où les ténèbres et le ciel ont toute leur puissance, et notre dramaturge n'hésite pas (comme à son habitude) avec un talent audacieux à nous faire vivre jusqu'au fond de nos tripes et de notre conscience les abîmes de l'être pour nous éclairer sur la lumière divine.

C'est ainsi que la cellule est emplie d'un espace infini.

L'auteur se promène avec agilité sur un fil, celui du funambule et vous êtes devant, ou derrière lui, mais vous n'avez qu'une peur celle de tomber, car l'abomination des êtres comme celle d'Alexandre est bien là.

Mais avec un « savoir sensible » qui n'appartient qu'aux êtres de cœur, ceux dont on dit communément « touchés par la grâce », Jean-François Farid nous permet, si on le désire bien entendu, de nous délivrer de nos chaînes obscures.

Et le PENSEUR, alors ?

Le PENSEUR se transforme… comme nous, peut-être.

Et le rideau de pages glisse alors sur nos yeux clos où une lumière enfin peut briller.

Après *la Citadelle du cœur*, on pouvait penser que l'auteur avait épuisé ses ressources. Seraient-elles inépuisables ?

Colette Andrieu, romancière

« Il est assis, perdu et muet, lourd d'images, et de pensées et toute sa force - qui est la force de quelqu'un qui agit - pense. Son corps entier s'est fait crâne, et tout le sang de ses veines, cerveau.»

Rainer MARIA RILKE

Personnages :

LE DIABLE,

LES DÉMONS, etc.

YOURI : le caïd, excessivement trouillard

HOVHANNÈS : poète arménien

ALEXANDRE : ex-professeur d'art

LE PENSEUR : sculpture en plâtre

L'ÉTRANGER

LE DIRECTEUR DE LA PRISON

IGOR LE SURVEILLANT (de la cellule)

VASSILI LE SURVEILLANT GÉNÉRAL (en grande tenue)

PLUSIEURS SURVEILLANTS

Décor :

La scène se passe quelque part en Union soviétique dans une prison et représente l'intérieur d'une assez vaste cellule. A droite et à gauche les lits des détenus. Il y a trois lits au total : l'un est isolé, à droite, là où couche le caïd, les deux autres formant des lits superposés. En haut, dort Hovhannès. En bas, Alexandre. Au centre est placée une sculpture qui fait songer au *Penseur* de Rodin, sorte de réplique presque parfaite de celui-ci et qui est l'objet d'un amour sans bornes de la part du caïd, amour à la fois simple et très compliqué. Hovhannès et Alexandre sont issus de la haute bourgeoisie. Youri appartient à la classe prolétarienne. Le premier est un poète. Le second est juste un ex-professeur d'art à la faculté. Seul le caïd est ici un illettré. La sculpture inspire du respect à Alexandre mais peut-être pas à Hovhannès. On ne sait. Les deux bourgeois ne la touchent jamais. Le caïd s'y oppose. Ils peuvent seulement la regarder. Tous, ils ont des sortes de tenues de combat déchirées et usées, et leur crâne à chacun est rasé comme les soldats soviétiques. Quand le rideau se lève, les acteurs regardent tous ensemble vers la sculpture. Au bout d'un moment, Youri, qui se lève, se dirige tout seul vers la statue puis l'enlace. En fait, il se penche sur elle et lui dépose un baiser sur la bouche en s'attardant un peu, oubliant complètement les deux autres détenus. C'est le début de l'automne et le milieu de la soirée.

ACTE 1

HOVHANNÈS
Bonjour Youri.

YOURI *à Hovhannès*
Bonjour. Alors ? Tu le trouves comment mon Penseur ? Hein ?

HOVHANNÈS
Pas mal, pas mal… mais il n'est pas aussi beau qu'un Christ en croix. J'en ai un en tête d'absolument obsédant et inoubliable !

YOURI
Pourtant toi et Alex vous l'admirez aussi, non ? Vous le regardez tout le temps ! Mais vous voyez pas à quoi y pense ! Vous y voyez quelque chose là-dedans ? *Il désigne la tête du Penseur qu'il caresse doucement. Quelques secondes de silence* Dites ? Qu'est-ce que vous croyez qu'y a dedans, les gars ?

ALEXANDRE
Ah !... Moi je sais pas…

YOURI *à la sculpture*
Tout de même ! Y comprennent rien, ces gars-là ! Pas vrai, mon idylle ?

HOVHANNÈS
Y a combien de temps que t'es tombé amoureux de cette statuette ?

ALEXANDRE
C'est pas une statuette mais une charmante statue !

HOVHANNÈS
Cagliostro ! J'ai pas l'intention de polémiquer !

ALEXANDRE
Tu fais bien ! Et il est clair que tu n'as rien à dire d'elle ! Tu la traites si mal que des fois...

HOVHANNÈS
C'est faux ! Et je dis toujours ce que je pense ! Enfin, Youri, t'as pas répondu à ma question ?

YOURI
Eh ben ! Je me suis épris d'elle deux jours avant ton arrivée ici ! Ça s'est passé si vite !

ALEXANDRE
Ça oui ! Ça n'a pas traîné !

YOURI
Mais descendez du lit tous les deux ! Comme ça nous pourrons mieux discuter.

Hovhannès et Alexandre sortent de leurs lits où ils étaient installés confortablement. Puis ils restent debout derrière la sculpture et à côté de Youri. Court silence.

HOVHANNÈS
Dis-moi Youri ! Qui le premier t'a parlé de religion grecque ?

YOURI
Toi bien évidemment !

HOVHANNÈS
Mais dis-moi ! Qui t'a également initié à la philosophie platonicienne ?

YOURI
C'est encore toi !

HOVHANNÈS
Mais dis-moi enfin ! Qui t'a aussi tenu d'assez longs discours sur les présocratiques ?

YOURI
Jusqu'ici eh bien c'est encore toi !

ALEXANDRE
Bon sang ! Où veux-tu l'embarquer ?

HOVHANNÈS
Chut ! Toi, tais-toi !

ALEXANDRE
Moi ! Me taire ! Jamais ! Rat des champs, va !

YOURI
Ça suffit ou bien je cogne !

HOVHANNÈS
Il a pris une cuite ou quoi ? Cet Alexandre c'est une catastrophe ! Il se mêle toujours de ce qui ne le regarde pas... Écoute-moi. Écoute-moi Youri. Pose une seule question à ta sculpture sur tout ce que je t'ai appris et tu verras bien si elle te répond ?

YOURI
Ma sculpture ne parle pas.

HOVHANNÈS
On ne peut donc pas dire qu'elle soit vivante. Alors ne sont-ce pas l'œuvre de ton imagination toutes ces choses ?

YOURI
Pas vraiment ! Car si je le voulais, le Penseur pourrait me répondre !

HOVHANNÈS
Dans ce cas, montre-le nous !

YOURI

Non ! Pas maintenant. Tout à l'heure. Je vous demande seulement un peu de patience.

HOVHANNÈS

C'est faux, archi-faux ! Ton Penseur n'a jamais donné de réponses... J'en aurai été le témoin sinon. Et s'il parlait, ne serait-ce pas là l'œuvre de votre diable ? Hein ? Dis-moi un peu Youri !

ALEXANDRE

Ne l'écoute pas, Youri, il y a méprise. Si ce sont là les paroles du diable elles ne sont pas moins bonnes que celles de son dieu, pas vrai Youri ?

YOURI

Et comment ! Et ces paroles me font même sourire, devrais-je ajouter !

HOVHANNÈS

Mais, me diras-tu, Satan te poursuit. Satan te poursuit là où tu es à présent. Et là où tu étais jadis. Et là où tu seras demain. Méfie-toi mon gars !

YOURI

Je le sais. Pourtant, je me dis souvent : le diable tout seul s'ennuie. Alors pour ne pas rester seul il me suit. Tu vois, il me suffit de me dire ça pour m'en réjouir. Et je m'en réjouis toutes les fois que mes ennemis préparent quelque complot contre ma personne. Ah ! Taisez-vous ! Écoutez ! Ecoutez donc ! L'on veut me tuer...

ALEXANDRE
Te contredirai-je ? Il n'y a personne, Youri ! Personne d'autre que nous ici...

YOURI
Bon ! Admettons... Mais n'est-ce pas beau que je m'en réjouisse ? Au sujet de ce que je vous ai formulé plus haut n'est-ce pas beau ça ? Comme tout ce que je vous dis d'habitude ? N'est-ce pas beau surtout lorsque je ne trouve nulle part de repos, ni même la possibilité de vivre ?

HOVHANNÈS
Mais quelle est donc selon toi ce qui te fait le plus peur ? Parce que sans cesse tu as peur que l'on te tue et il est évident que c'est le diable qui agit ainsi sur toi et sur nous tous ici réunis. Parce que nous, sans cesse, nous avons peur que tu deviennes fou et que par la même occasion tu nous envoies tous au diable. Alors réfléchis un peu ! Réfléchis Youri !

YOURI
Tais-toi ! Tais-toi donc ! Ça suffit... Ça suffit comme ça, tu m'entends ? Ça suffit... Je ne veux

plus que tu me parles de ça... Plus jamais !... Mais chut ! J'entends comme du bruit... L'on vient peut-être pour m'assassiner et...

ALEXANDRE
Désolé, Youri ! Il n'y a personne...

YOURI
Tant mieux !... Tant mieux !... et... et...

Youri roule de grands yeux tellement il semble avoir peur. Il semble même pris de visions hallucinatoires si bien qu'il paraît s'exprimer dans une langue barbare, dans une langue impossible à comprendre. Puis revenant peu à peu à lui :

HOVHANNÈS
Ça va Youri ? Ça va ? Est-ce que ça va mieux ? Et si nous t'installions sur le lit ?

YOURI
Non, je préfère rester à côté de la statue.

HOVHANNÈS
J'aurai aimé dans ta jeunesse t'aider, mon Youri !

YOURI
Ma jeunesse ? Ma jeunesse ! Oh, je me souviens de tout, Hovhannès, j'ai toujours été un meneur.

Ma jeunesse, ma jeunesse... Si, si... tu savais, Hovhannès, comme on avait peur de moi ! Je faisais trembler tout le village ! Je ne sais pas pourquoi, mais ils me soupçonnaient tous, moi si fragile, de trafiquer Dieu sait quoi. Mais ma folie à moi, en ce temps-là, c'était d'aimer. Et même maintenant j'ai soif d'amour ! Mais, dans l'ensemble, je n'ai jamais eu de chance dans ma vie, moi qui aurais tant aimé porter au loin mon désir impétueux d'amour. Mais voilà... je... je sens en moi comme une force irrésistible de commettre tous les crimes possibles et cela ni la nuit ni le jour ne me quitte !... Pour quelle raison ? Oui, pour quelle raison ? Je n'en sais rien, rien de rien... Ô mon Dieu !

ALEXANDRE
Tu parles d'un air étrange, comme si tu étais en proie à une sorte de folie ! Youri, que t'arrive-t-il ?

À ce moment-là, un gardien entre et fait signe à Hovhannès de le suivre. Celui-ci s'exécute et le suit.

ALEXANDRE
Oui, faites-le sortir, je vous prie, nous n'avons plus besoin de lui.

Ils sortent. Mais avant, Hovhannès se retourne, pose un regard sur Alexandre ; et Alexandre baisse alors les yeux comme s'il sentait que Hovhannès avait tout compris. Compris notamment que bientôt Alexandre allait le faire mourir.

YOURI, *écoutant ; puis* ALEXANDRE

ALEXANDRE
N'as-tu rien entendu ?

YOURI
Si, j'ai bien entendu.

ALEXANDRE
Écoutons donc. C'est la sculpture qui parle, qui nous parle. Qui nous parle encore une fois. Soyons donc très attentifs. Le veux-tu ?

YOURI
Oui, bien sûr, je le veux ! Oui, oui, c'est bien ça, elle nous parle, écoutons ! Écoutons donc ce qu'elle va nous dire. Elle nous dira sûrement des choses merveilleuses...

ALEXANDRE
Chut ! Alors, on écoute, oui ou non ?

YOURI
Oui, oui ! On écoute. Et je ne dirai plus rien cette fois-ci...

ALEXANDRE
Chut !

VOIX OFF :

Youri ! Youri ! Viens par ici ! Approche-toi de moi *Youri se rapproche de la sculpture.* Approche-toi un peu plus ! Là... Stop ! *Un temps.* En méditant sur les dispositions de ton âme, je me suis aperçue de ceci. Il n'y a pas de plus grand amour, en ce qui te concerne, que de sacrifier ta vie pour le Diable. Et si tu as été envoyé en Afghanistan comme simple soldat et si, en étant lancé au front, tu as survécu miraculeusement à une attaque de chars afghans, eh bien, à qui crois-tu donc que tu le dois ? Ne le dois-tu pas au valeureux Diable ? *Ici Youri écarquille grandement les yeux.* N'est-ce pas aussi grâce à lui si, jusqu'ici, toi le caucasien, tu as été comme épargné de l'hostilité des Soviétiques ? Hein ? Dis-moi un peu ! Là aussi Youri écarquille grandement les yeux. Dis, tu n'en reviens pas, n'est-ce pas, que je sache tout ça sur toi ? *Youri fait un signe de tête comme pour approuver.* Eh bien, sur le monde et sur toi, tu en sauras plus longuement au fur et à mesure ! Patiente, mon cher, patiente. *Youri fait oui de la tête.* Et à jamais demeure ceci : le monde entier, de jour en jour, est de plus en plus tout entier lié à lui, autrement dit à Satan. Souvent cependant les hommes l'oublient. L'oublies-tu toi Youri ? *Il fait non de la tête.* C'est bien et c'est ici la vraie condition de l'homme : être rattaché à la richesse, à la puissance, au pouvoir, à l'honneur, à la gloire. C'est-à-dire être lié à Satan de toutes ses forces. Et si tu ne fais pas tout ce que je te dis, eh bien, le Diable te poursuivra jusqu'à la mort. Tu m'entends Youri jusqu'à la mort ! *Et là Youri regarde curieusement tour à tour la sculpture et Alexandre. Il a comme très, très peur.* Et, sache-le bien, je ne me manifesterai qu'en ta présence et celle d'Alex et jamais en présence de... oh, j'ai du mal à prononcer son nom... bref, en présence de votre camarade Hovha... Hovha... nès... voilà qui est dit, beurk ! J'éviterai désormais de prononcer ce nom pour moi exécrable... Ça sent trop Dieu... Crois-moi, Youri, il sent trop Dieu cet individu... Brrr ! Mais assez parlé d'eux tous. Revenons à nous, veux-tu ? *Youri acquiesce* Je vois que tu es consentant ! C'est bien, Youri, c'est bien. Écoute-moi bien maintenant. Tout ce qui va droit au but est bon. Tu m'aimes, n'es-ce pas ? *Il fait oui de la tête.* Eh bien mon but le voici. On dirait que ce Hovha... Hovha... enfin tu vois de qui je veux parler, eh bien, on dirait que ce sauvage cherche à me liquider. Le laisserais-tu faire ça ? *Youri fait non en serrant les poings.* Es-tu prêt à me défendre et même es-tu prêt à étrangler ce moucheron si d'aventure il... ? *Youri s'emporte en montrant qu'il l'étranglerait sans vergogne* C'est très, très bien, Youri, c'est très, très bien. Maintenant, toi et Alexandre, vous devez faire comme si de rien n'était. Et vous ne devez pas dire à ce vaurien que je vous ai parlé, est-ce bien clair ? *Il fait oui de la tête en exultant de joie, puis Youri se frotte les mains et la voix off se tait.*

ALEXANDRE
Ton Penseur, en fait, est tel un colosse. Je dirai même il est tel un dieu !

YOURI
Tu as vu ça un peu !
Entre Hovhannès, accompagné du même gardien que tout à l'heure. Bref silence. Puis le gardien repart les laissant seuls.

ALEXANDRE
Nous t'attendions.

HOVHANNÈS
Charlatan, que veux-tu de moi ?

ALEXANDRE
Je le vois, tu es mal disposé.

HOVHANNÈS
Bof ! Je pense que vous avez parlé de moi, non ?

Je pense même qu'en mon absence vous avez fait des bêtises ! Non, Youri ? Alors qu'en pense-t-il, notre très cher ami ?

YOURI
Silence moujik !

HOVHANNÈS
Écoute. Je me porte plutôt mal en voyant ce Penseur ! Non pas que j'en ai peur ou qu'il m'impressionne mais moi je lui trouve la cervelle étroite et j'estime qu'il occupe trop de place dans ton cœur. De plus, il te rend comme impuissant à aimer mieux Dieu ! Où est donc passée notre entraide ? Tu oublies que je me donne énormément de peine à t'enseigner la Sainte Écriture !

YOURI *très irrité*
Je sais ! Je n'oublie pas ! Mais je décide qu'à partir de maintenant je brise tous mes liens avec le Christ Jésus. Je ne veux pas qu'il guérisse les blessures de mon âme. Non, je veux tout simplement rejoindre les damnés. Et je vais te rompre bras et jambes si tu persistes à vouloir me sauver ! T'assommer à coups de poing, tu sais ! Et défense de dire du mal de mon Penseur et de condamner celui qui a travaillé dessus ! Il me plaît de penser qu'il soit né des mains d'un aussi grand artiste et que cette sculpture est

venue au monde pour orner Les Portes de l'Enfer ! Espèce de bouffon !

ALEXANDRE
Bravo ! Mais qui te l'a dit ? Qui t'a parlé de Rodin ? Qui t'a fait connaître Dante ? Rappelle-toi que c'est moi !

YOURI
C'est vrai ! C'est toi, mais arrête de crâner ! Et parle moins fort ! Et puis j'ai froid aux pieds...

HOVHANNÈS
Youri ! Mon Youri ! Pourquoi ? Pourquoi voudrais-tu la damnation ? Tu cours le plus dangereux des dangers !

YOURI
Tais-toi moustique ! Pour l'instant je ne veux pas en parler ! Qu'on me parle plutôt du Penseur... même si j'ai froid !

ALEXANDRE
Il a raison ! C'est admirable comme il a raison ! Mieux vaut aborder les bons esprits inspirateurs comme Rodin. Il faut nous en référer à eux.

HOVHANNÈS
Tu ne peux pas dire ça. Sans Dieu, l'homme est seul.

ALEXANDRE

Tu le crois indispensable, ton dieu ?

HOVHANNÈS

Non seulement indispensable, mais...

YOURI

Ça suffit ! C'est moi qui commande dans cette baraque ! Et si vous n'êtes pas contents, il va y avoir du grabuge ! Souvenez-vous que je n'aime pas les disputes ! En vous disputant à mes côtés, vous risquez une brusque explosion de rage ! J'ai déjà fourni des preuves de ma fureur. Je peux vous rafraîchir la mémoire ! Comme ça vous serez convaincus de ma supériorité et je serai assuré d'être obéi !

ALEXANDRE

Ne te fâche pas Youri ! Ne te fâche pas ! Nous allons parler de ta statue. Ça te calmera !

Youri se penche pour embrasser de nouveau Le Penseur. *Les deux autres le regardent, puis le caïd vient s'asseoir sur son lit tandis que les deux autres restent immobiles. Bref silence.*

HOVHANNÈS

Tu l'aimes plus que les icônes ?

YOURI
Et comment !

HOVHANNÈS
Pourquoi ?

YOURI
Je l'aime plus ! C'est tout ! Ça s'explique pas !

HOVHANNÈS
Pourtant tu aimais beaucoup les icônes avant ?
Qu'est-ce qui t'a pris, Youri ? Dis-moi, tu ne
voudrais pas que je t'initie un peu plus à l'art
chrétien de notre sainte Russie ?

ALEXANDRE
Tu ne vois pas qu'il réclame autre chose ? Un je-
ne-sais-quoi que son esprit brûle d'acquérir
auprès du *Penseur*. Le monde entier n'est pas
digne de la pensée de cet homme-ci, pas vrai
Youri ?

YOURI
C'est bien vrai, ça !

HOVHANNÈS
Je veux bien le croire, Youri, mais essaye de lui
poser des questions sur la vie et sur la mort, tu
verras s'il te répondra !

ALEXANDRE

Mais Hovhannès ! Si ce *Penseur* dit quelque chose ou rien, c'est bien la même chose que je sache !

HOVHANNÈS

Qu'est-ce que tu parles, toi !

ALEXANDRE

Youri ! Notre Youri ! Toi qui comme notre valeureux Président as un peu vécu avec ton frère en Allemagne, avez-vous apprécié tous deux visiter les Églises là-bas ?

YOURI

Oui, non... en fait, nous ne savons pas. Nous l'ignorons.

ALEXANDRE

Tu vois, Youri, tu ne t'en souviens même pas ! C'est que cela ne t'as pas marqué. Oublie donc la foi...

HOVHANNÈS

Tu es gonflé de lui dire ça ! Youri, choisis la vie, espère et aime, pour devenir pleinement homme !

Youri change de place pour venir se mettre en face de la statue. Il se penche en avant pour l'embrasser à nouveau sur la bouche, mais il interrompt vite le baiser.

Il se redresse et repart s'asseoir sur son lit. Alexandre s'aperçoit que le caïd est attentif à la conversation et qu'il est dans un état de haute tension.

ALEXANDRE

Alors tu ne t'en souviens pas ? Mais laissons cela. Youri, je vois que tu es irrité ! Mais tu n'as pas envie que nous nous étendions sur *Le Penseur* de Rodin ?

YOURI *ses yeux brillent*

Si ! Bien sûr ! Bien sûr que si ! Parlons-en ensemble !

ALEXANDRE

Que ce bonhomme est intéressant, en effet ! Quoi qu'en pense Hovhannès, rien n'existe de plus beau ! Il est pareil au Soleil, à la Lune, à la place Rouge. Il surpasse même par la force toutes nos sculptures moscovites. Je te le dis à toi Youri et sais-tu que cette statue fera encore du chemin ?

YOURI

Je sais bien ! Du jour où je l'ai connue, j'ai été un autre homme. J'imagine qu'il en sera de même pour beaucoup !

ALEXANDRE

Alors tu n'as qu'à me croire ! Moi aussi cette œuvre a changé toute ma vie ! Elle a défié son temps. Elle fascine encore le nôtre, crois-moi ! Et Youri, l'art c'est la vie et ce qui différencie *Le Penseur* des autres sculptures c'est à quel point Rodin a su rendre palpable le travail de l'homme méditant. Regarde tout son effort ! Observe comme il dépasse la simple vie animale ! Toute la fierté de l'humain est là ! Chaque muscle traduit à sa façon cette tension inégalable et cet homme n'est-il pas mystérieusement inspiré, dis Youri ? Fixe-le mieux et vois combien le regard profond de cet homme peut susciter de nobles pensées !

HOVHANNÈS

Moi je crois plutôt qu'il traduit quelque chose de l'Enfer de Dante ! Quelque chose d'effrayant !

ALEXANDRE

Pas du tout ! Ah, le gus ! Il se croit informer sur tout !

YOURI *excédé*

Arrêtez ou je cogne ! Hovhannès a raison ! Il a dit la vérité ! Et c'est sans doute pour ça que je l'aime tant ! Je veux parler du *Penseur*, bien sûr. Je l'aime tant parce qu'il est descendu aux Enfers et qu'il y est sans doute encore. Va savoir ! Quelque chose d'après moi l'a marqué. Quoi ? Je n'en sais rien. Mais, avec lui, j'ai comme l'impression que le temps ne s'arrête pas. Qu'il y a une vie après la mort et que cette vie qui est véridique je la choisis parmi les damnés. Si je dis « damnés », je sais à quoi m'en tenir. Comme mon *Penseur* je suis plongé dans une réflexion grave. Tout à l'heure, Hovhannès, tu m'as demandé pourquoi je voulais la damnation ? Eh bien, je vais tâcher de bien te répondre. Même si c'est une question assez inquiétante pour moi.

HOVHANNÈS
Juste un mot, Youri !

YOURI
Silence ! Écoute-moi plutôt... Quand j'étais gosse, j'avais peur de l'Enfer. Maintenant je n'en ai plus peur. Je reviens de très, très loin tu sais ! Tu n'as pas le droit de t'apitoyer sur mon sort mais j'ai été soldat en Afghanistan. On nous a envoyés là-bas mon frère et moi. Deux ou trois fois, j'ai voulu sauver des vies afghanes. Je ne voulais pas tuer des âmes innocentes, mais personne ne voulait croire qu'elles l'étaient. On m'a forcé à les abattre comme des chiens. J'ai fait voler en éclats des crânes humains. J'ai torturé et j'ai eu des gestes brutaux. J'ai pratiqué d'atroces brûlures sur des corps vivants. Mais, cela dit, mon pire souvenir, c'est des enfants en bas âges que j'ai tirés à bout portant... Vraiment, moi, là-bas, j'ai été l'ennemi de l'homme. J'en ai souffert ! J'en ai souffert !... Ça sentait une odeur affreuse sur les terrains de combat mais je m'en suis habitué. Voilà la vérité et voilà pourquoi je quitterai sans regret les villes et les campagnes pour m'abriter en Enfer dans

une fosse empuantie et pleine de boue ! Oui, voilà la vérité et voici aussi pourquoi il me semble utile de signer un pacte avec le Diable. Hélas tout ceci m'engage à lui vendre mon âme et à céder à des tentations démoniaques ! Pourquoi tremblerai-je devant l'abîme ouvert devant moi qui illuminera ou abîmera toute mon existence ? Puisque cela s'est déjà produit dans toute sa bestialité en Afghanistan ! Retenez bien pour finir les quelques paroles que je vous ai dites. Et que votre cœur ne se trouble pas. Mais maintenant laissez-moi tranquille !...

Youri ramasse un mégot et l'allume. Puis il va vers son Penseur et le regarde longuement.

HOVHANNÈS *tout doucement*
Youri, Youri ! Tu ne peux pas abandonner notre idéal ! Nous avons lutté pour ça...

YOURI
Notre idéal ?

HOVHANNÈS
Oui. Aurais-tu oublié complètement que...

Brusquement, des coups de tonnerre retentissent et des éclairs zèbrent le ciel. Il se met à faire complètement nuit. Entre Igor Le Surveillant, tenant une bougie à la main.

IGOR

Désolé, les gars, mais il y a eu une coupure d'électricité ! Ça risque de durer assez longtemps. Autrement, tout va bien ici ?

ALEXANDRE

Oui, sauf que nous sommes à présent plongés dans l'obscurité. N'auriez-vous pas, cher Igor, une bougie ou deux à nous donner ?

IGOR

J'ai prévu tout ça, ne vous inquiétez pas !

Igor sort une grande bougie qu'il a cachée dans sa poche où se trouve son trousseau de clés. Il l'éclaire avec l'autre et la tend à Alexandre qui sourit. Il lui fait un clin d'œil. Igor s'en va. Youri, complètement calme, les yeux brillants comme jamais, pose ses mains froides sur les épaules du Penseur. *La cellule est maintenant éclairée comme par un feu de camp. Ou plutôt comme dans un tableau de Georges de La Tour. L'orage, finalement, s'est apaisé.*

YOURI

J'aime la flamme de la Nuit. Et j'aime quand mon *Penseur* m'apporte un peu de bonheur, un peu de plaisir. Mon âme est toute à lui. Je me sens comme pétri d'une vive flamme d'amour. Ou plutôt il jaillit en moi comme des étincelles légèrement kafkaïennes. Tu te souviens, Alex, que tu m'as quelquefois parlé de Kafka ?

ALEXANDRE
Oui, bien entendu.

YOURI
Je ne connaissais pas cet auteur avant que tu m'en parles. Je l'aime bien. Surtout quand il raconte cette arrestation au petit matin... tu sais, dans ce livre qui a circulé, sans nom d'auteur, grâce au samizdat ?

ALEXANDRE
Tu veux parler du *Procès* !

YOURI
Exacte ! Quelle histoire formidable tu m'as lue là !... Mais laissons cela. Car je ressens le besoin impérieux de tendre toute ma joie vers mon *Penseur*. Celui-ci, je l'aime tendrement, j'allais dire follement ! Oh oui, maintenant, dans cette cellule, il est ma raison de vivre ! J'ai besoin de lui ! Sans lui, je ne suis rien ! Je ne peux rien ! Qu'il est doux d'appeler ce bonhomme *Le Penseur* ! *Il l'enlace.* Oh oui, Maître, il faut que tu m'entraînes avec toi en Enfer ! Il faut que tu me donnes d'aimer cet enfer afghan que j'aie vécu ! Comment l'oublierai-je ? Par amour pour toi, ou

par amour du malheur, donne-moi également d'aimer le Diable ! Oh oui, mon très cher Maître, donne-moi de l'adorer, lui et toute sa légion de Démons ! Que je suive leur trace ! Ici même et en Enfer, je vivrai uniquement pour eux ! Ô mon Maître, mon Maître, je souffre, je souffre ! En ce bas monde, j'aurais vécu pour rien si... Ma tête ! Ô ma tête ! J'ai brusquement froid dans ma tête !...

On entend un bruit derrière la porte. Celle-ci est située au milieu des deux coulisses. Le Surveillant Igor est censé regarder à travers l'œillade du judas. Même si le spectateur ne le voit pas, on pourrait très bien imaginer une image sur grand écran le montrant en train de scruter l'intérieur de la cellule. Alors subitement la lumière électrique reviendrait. À cet effet, on évitera le plus d'éclairage possible pour plonger la scène dans l'obscurité comme dans une salle de cinéma. On entend ensuite un trousseau de clefs puis la porte de la cellule s'ouvre et Le Surveillant Igor paraît. Peu avant qu'il n'entre, on entendra quelques coups de tonnerre assez brefs. Le Surveillant appelle Hovhannès et Alexandre. Tandis que Youri et Hovhannès gardent la tête baissée, on voit que Le Surveillant Igor fait une large œillade à Alexandre. Youri reste seul dans la cellule. Silence.

YOURI *s'adressant à la sculpture*

Ces deux-là m'agacent. J'en ai assez de leurs querelles. Je suis fatigué. Ils sont fous ! Ce sont deux fous ! Nous ne sommes que tous les quatre. Mais on dirait que nous sommes des milliers dans la cellule ! Heureusement, mon Penseur tu es là ! Tu es un mâle merveilleux. Jamais personne pourra t'égaler ! Jamais ! Tu es quelqu'un au cerveau vraiment énorme ! Suffit de te voir penser ! *Il l'embrasse.* Moi je pue mais je sens bon. Les gens ordinaires me fuient mais je les attire. On a peur de moi mais on recherche ma compagnie. Je suis seul mais on me désire. Je compte pour rien mais peu me valent. Je suis peureux mais je demeure courageux. Je suis difficile à vivre mais facile à contenter. On me cherche toujours des querelles mais on ne me trouve pas. On me traite d'imbécile mais je ne suis pas plus imbécile qu'un autre. Je suis illettré mais je suis un savant. On veut me lapider à tout prix mais je ne me laisserai pas faire. On estime que je suis démagogique mais qu'il me soit permis de le démentir. On me trouve énervant ou soûlant mais ce n'est pas ma véritable étiquette. On me regarde comme une bête curieuse mais j'en fais peu de cas. On me prend pour une brute mais je suis doux comme un agneau. On ne me saisit pas quand on me juge plat. On pense aussi que je suis candide mais ce n'est pas vraiment ce qui me caractérise. On dit que je suis laid mais on évalue mal ma beauté : je suis comme une gerbe de fleurs ! On dit également que je suis un vaurien mais c'est archifaux. On dit en outre que je suis un splendide trouillard mais quel est celui qui ne tremble pas telle une feuille en face de la froide mort ? On dit aussi que je manque de goût mais à qui la faute ? Ah mais j'entends des rires ! Riez, riez tant que vous voudrez, mais je vous le dis, bande d'enragés, vous serez comme moi la pâture de l'Enfer ! Je suppose qu'ils sont au courant, n'est-ce pas mon *Penseur* ? Tu dois le savoir toi qui reviens de si loin ! Je te connais. Tu te nourris des pensées de l'Enfer. Notre Maître l'a voulu ! Il l'a voulu mais personne ne peut voler tes pensées, je t'ai déjà observé. Tu as l'air si absorbé ! Mais dans les cieux ? Tout est écrit ? Rien n'est écrit ! Ou plutôt si ! Tout est inscrit dans nos gènes ! Ma propre biologie me l'a dit l'autre soir. C'était un soir d'été dans la cour de la prison. C'était un simple rêve mais ça ne fait rien. J'avançais les pieds nus et je remuais quelque part les horreurs de ma vie. Ce n'était pas rigolo. J'étais un peu inquiet et puis un désespoir intolérable naquit en moi. Que de bruits et de fureurs auras-tu l'occasion d'entendre ce soir, me dit-on. Et dis, sais-tu qui était-ce ? C'était le Diable en personne ! Tu le connais assez, je crois ? Tu ne dis rien ! Je continue malgré tout. Donc du coup la vieille douleur de mon âme de même que mes crimes atroces me sautèrent aux yeux. Le sang que tu as versé c'est à moi ce soir que tu dois en rendre compte m'a dit Satan ! Ce dernier sait tous mes dégoûts de la vie, il sait mes haines de la race humaine et pourquoi je suis devenu un caïd, mais il n'aime pas qu'on lui donne des leçons de moral ! Celui-là il le brûle, il le fait rôtir dans le feu qu'il a été préparé dans ses abîmes noirs. Celui qui a fait un pacte avec lui, c'est moi, Youri, le grand caïd ! Oui personnellement j'ai vendu mon âme au Diable sans vraiment l'avoir vendue. Car c'est en moi-même que j'ai toujours eu foi. Mais… toi aussi ! Avoue-le ! Tu es descendu en Enfer, non ? Ça fume, là-bas ? Qu'est-ce que tu dis ? Rien ! Tu n'as pas confiance ? C'est pas grave ! On vogue sur la même galère toi et moi ! On éclaire ensemble les deux mille cellules ! C'est déjà ça ! Dans notre amour commun, la poésie et la pensée ont atteint avec nous une fusion parfaite, et tout se met à couler de source, librement, même s'il semble quelquefois que toutes les puissances de l'Enfer nous en barrent la route ! Écoute ! Toi et moi, c'est exactement la même chose, notre amour est réciproque, il s'agit de notre histoire à tous deux, je veux dire que nous sommes prisonniers de l'Enfer non pas pour quelques heures mais pour toujours ! Si tu vois une sorte de Don Juan dire non à la statue du Commandeur, c'est de nouveau moi !

Alors la frayeur monta dans mon microcosme et le vaste océan de l'Enfer m'engloutit sans pardon pour tous mes péchés. Il suffit d'avoir un cœur d'enfant et d'être brave devant le destin pour éviter de tomber dans le piège de la mélodie dite diabolique ou satanique. Mais l'Enfer, c'est un sommeil gris et affreux. Il y a là peine et trouble, brûlure, feu, chaudron. L'autre soir on a fait couler le sang d'un porc malade. On a jeté à la flamme le corps d'un assassin mort étranglé et on a détaché un meurtrier de la potence pour le faire... Ah j'arrête ! Ce serait trop horrible à dire ! Et puis qui me croira si je raconte tout cela ? Mais j'ai vu d'autres scènes mille fois plus horribles, c'étaient des habitants d'outre-tombe, ne s'y trouvant pas si heureux que je me l'imaginais. Un lieu si incendiaire et si laid, je n'en ai jamais vu, mon cher ami ! Ce fut un endroit dont les images abominables hérissaient mes cheveux et pourtant, pourtant, moi-même j'ai mordu à l'hameçon, j'ai fermé mon cœur, j'ai défié le destin, j'ai nargué la mort, j'ai agi contre la nature ? En voyant ça, j'ai senti arriver du Mauvais. Même si j'ai commis des crimes parfaits en Afghanistan, même si je n'ai laissé pratiquement aucune trace derrière moi, même si on ferme les yeux en ce qui concerne toutes mes tueries, je sais bien qu'un jour ou l'autre je subirai une mort violente ! Comme je te l'ai précisé plus haut, j'ai assisté à des massacres pires que ceux de la Saint-Barthélemy, à des massacres de conditions hautement calamiteuses comme ceux de Hiroshima. Tiens ! Quelqu'un approche. Qui est-ce ? Ah je crois reconnaître sa voix ! Salut à toi, Satan ! Que veux-tu ? Sinon me retirer de la terre, sans pitié ? Mais je ne veux pas m'occuper de toi ! D'ailleurs, tu ne me fais pas peur et je crache sur toi. N'en parlons plus jamais ! En vérité je me fiche pas mal du Chef des démons : il est tout juste bon à faire des grimaces ! Tu ne crois pas ? Pour tout dire, c'est une chiffe molle et il m'embête. Il m'embête tout à fait ! Ô le vilain, le vilain garnement...

On entend soudain comme un énorme craquement ou comme une violente explosion. Explosion qui est suivie d'une fumée nauséabonde rappelant l'odeur de soufre, c'est-à-dire l'odeur ou la puanteur qui caractérise le Diable.

Hein ?... Qu'est-ce que c'est ? Qu'est-ce que c'est que ce bruit ?... Ce bruit bizarre ?... Oh c'est le hasard, le pur hasard !... Et si ?... si c'était... non, non, non c'est le hasard... le pur hasard... Mais reprenons... Je dis donc adieu à toutes ses tentatives. De même que je dois dire adieu à Dieu et à tous les saints sacrements de la terre voire de l'univers visible ou invisible. Comme tu le vois je suis descendu en Enfer tout comme toi ! C'est ce qui explique mon béguin en ce qui te concerne ! Même si ça peut paraître ringard, c'est un amour que je ne contrôle pas ! Car toi et moi nous avons bien vu qu'il y a un Enfer. Mais j'aimerais avertir la terre entière qu'il en existe bel et bien un, qu'il s'y trouve de tout dans ce cloaque ! Et donc, qu'on le sache, il ne vaut mieux pas y être. Nous savons tous deux mieux que quiconque tout ce qui se déroule dans ce lieu infernal. C'est une autre terre aussi vilaine que la nôtre. Bien pire même ! Et aveugles comme ils sont, ils s'y jettent tous la tête la première ! Mais en rentrant quelquefois en moi-même, je n'y trouve souvent que le silence, ou le vide. Et c'est ce que je veux retrouver d'une manière absolue après ma mort... Oh là là, je suis écrasé de fatigue ! Vive le sommeil dans les ténèbres ! Sur la terre des hommes, tout est voué au carnage. Donc, grand salut, Satan et Dieu, Êtres imparfaits ! Dites-m'en plus la prochaine fois ! Sur ce, je te laisse mon bonhomme et je laisse tout le monde. Je les laisse tous avec leurs cages dorées et leurs fleurs en papiers !

Alors Le Diable qu'il ne voit pas mais que le spectateur lui doit apercevoir se manifeste. Si possible qu'il soit affreux à voir... Le Diable plonge Youri dans un profond sommeil. Youri parle alors tout en rêvant.

LE DIABLE
Tu crois t'en sortir comme ça, Youri ? Et tu crois

que vais te laisser m'insulter impunément ? Et...
hum ! Holà Youri, une mère oublie-t-elle son
enfant ? Moi Satan je ne t'oublierai jamais !
Sache-le, sache-le bien, mon Youri...

YOURI *tout en rêvant*

Oh ça ! J'en suis sûr, j'en suis sûr ! Tu es mon
protecteur et tu l'as toujours été, ça, j'en suis sûr,
j'en suis sûr ! Et j'en suis aussi certain que le fait
d'être vivant ! Et de l'être pour toi ô mon
Maître !

LE DIABLE *avec un sourire sarcastique*

Tu me plais Youri ! Tu me plais énormément !...

YOURI

Moi aussi ! Mais comment est-ce possible ! Tu
me vois ? Tu vois tout ce que je fais de là où tu
es ?

LE DIABLE

Oui, je te vois, et je te vois en chair et en os,
mon bon Youri...

YOURI

À quoi puis-je t'être utile ?

LE DIABLE

Serais-tu prêt à m'écouter ?

YOURI

Parle et je t'obéirai, c'est promis ! Mais avant puis-je te poser une question, une drôle de question qui me tient à cœur ?

LE DIABLE

Essaie toujours...

YOURI

Pourquoi le Mal est-il entré dans notre monde ?

LE DIABLE

Ça, ça restera une épineuse question qui attirera toujours des foules d'individus de ton espèce mais ça restera un redoutable mystère jusqu'à la fin du monde. Et il ne m'est pas permis de te le dévoiler mon noble ami. Aussi passons à l'essentiel. Écoute. Serais-tu prêt à gagner le monde grâce à moi ?

YOURI

Oui.

LE DIABLE

En ce cas, je vais te souffler quelque chose à l'oreille que personne d'autre que toi ne doit entendre. Il te suffira de me répondre oui et tu m'appartiendras à tout jamais. Tout homme qui accepte ce que je vais te dire à l'oreille n'aura plus jamais aucun combat à livrer contre d'autres pour conquérir le monde. Et s'il accepte ce que je lui dirai je lui donnerai d'être absolument tout puissant pour la vie éternelle. Alors es-tu prêt ?

YOURI
Je suis prêt.

À ce moment-là la scène est plongée dans une obscurité totale et avant que la lumière ne revienne on entend Youri pousser ce cri :

YOURI
Oui, je le veux !

LE DIABLE
Ainsi soit-il.

Ensuite arrive tout doucement la lumière. Youri s'apprête à se relever. Il a d'abord du mal. Puis il réussit à se relever et se dirige ensuite vers Le Penseur *afin de l'examiner d'un peu plus près mais on ouvre encore une fois la porte de la cellule et le gardien Igor entre accompagné seulement d'Alexandre. Le Surveillant invite en souriant Youri à le suivre. Ce dernier le suit et de nouveau le Surveillant fait une large œillade à Alexandre et referme la porte derrière lui. Alexandre demeure seul dans la cellule. Long silence.*

ALEXANDRE *déambulant*

Ne perds pas le nord, Alex ! Bien que ces deux-là tendent à te rendre fou ! Tu aimes la vie, toi ! Ces deux-là vont bientôt atterrir dans les bras de la Mort ! Youri et Hovhannès sont des paysans ou des ratés ! Toi pas ! Je n'attends qu'une chose, c'est que Youri assassine Hovhannès de ses propres mains. Avec le caïd des caïds, je m'attends à tout. Pourvu qu'il le tue ! Il ne pourra pas le louper ! Faut s'armer de patience ! Si on t'a introduit dans ce lieu parmi des voyous, des durs, des rustres, c'est pour une bonne cause. Comme je voudrais bien quitter cet endroit ! Quand partirais-je ? Ça semble si long ! Mais une partie de moi me dit, ne fais pas l'idiot, souviens-toi des conseils de ton vieux, souviens-toi qu'il t'a recommandé de ne jamais t'imaginer seul quand tout paraît languir. C'était un père parfait, d'ailleurs si tu ne vois rien arriver, tu n'as qu'à le croire, tu n'as qu'à t'imaginer devant une noble assemblée. Une assemblée parfaite, qui ne sait rien, qui ne demande qu'à être éclairée par ton génie. C'est ça donc ! Tu n'as qu'à essayer d'imaginer un groupe d'hommes qui s'approcherait de cette statue. Qu'est-ce que tu leur dirais ? Allons, parle mon cher Alex !...

Alexandre arrête sa déambulation. Il examine la sculpture. Il sort aussi un papier de la poche de son pantalon. Mais il continue à examiner la sculpture. Bref silence.

ALEXANDRE

Le Penseur, il n'y a pas plus froide que cette sculpture, même si ça équivaut au Moïse de Michel-Ange ou à certaines autres sculptures ! Qu'on n'aille pas croire que *Le Penseur* m'en impose, son maintien et surtout ce qu'il est censé représenter à travers ses pensées ce n'est que du vent ! Pourquoi pense-t-il ? Et ce, dans la tourmente ? Je lui préfère la beauté calme du *Baiser*, tiens ! C'est vrai, pourquoi pense-t-il de la sorte ? *Riant.* Monsieur a peur que je découvre le tréfonds de ses réflexions ? *Il fait un geste de rejet à l'encontre de la statue.* Youri a-t-il au moins réfléchi sur l'art, a-t-il la moindre idée de ce qui constitue les beaux-arts, de ce que produisent actuellement les artistes ou a-t-il suffisamment développé la question de l'esthétique ? Pour autant que je le sache, non ! Non, pas à ma connaissance ! Il ne sait rien ou presque rien de ce que représente l'art soviétique et il ignore ce que signifie l'œuvre moscovite la plus avancée ou la plus novatrice. Or, cela est voulu, délibérément voulu et intentionnel. Nous l'avons conditionné les gardiens et moi pour un motif bien précis. Nous voulons le coincer de telle ou telle manière et le pousser à bout. Il cherche à gagner du temps et à s'installer en prison pour une courte durée. Il veut purger sa peine en toute tranquillité pour pouvoir s'allier à ce chien de Hovhannès ! Ce qu'il faut c'est lui barrer la route ici même. Pour le moment, on le laisse faire, on le laisse agir sciemment au sein de notre forteresse et dans le coin le plus reculé de cette cellule. On a tout préparé pour l'isoler, lui et Hovhannès, loin des autres détenus. On lui laisse croire qu'il vit dans le confort ou qu'il couche dans une joyeuse cellule. Voilà de quoi inspirer de beaux rôles au cinéma quant à ce qui se déroule ici depuis que nous essayons de les traquer ! C'est que tous dans notre pays nous sommes essentiellement athées et nous ne voulons pas de tous ces croyants frivoles ou mielleux. Nous voulons frapper d'anathèmes tous ces croyants grimaçants. Maudite soit la foi ! Maudite soit la prière ! Et maudits soient tous ces pieux Hovhannès !... De fait, nous sommes tous des athées. Mais sans vraiment l'être. Pourtant peu nous en chaut puisque, que nous le soyons ou non, nous serons tous pardonnés. Tous !

Là, Le Diable réapparaît sans être aperçu d'Alexandre mais il est vu du public. En fait, si Le Diable apparaît ici, c'est qu'il est censé dialoguer directement avec la conscience d'Alexandre. Et à chaque fois que Le Diable intervient, Alexandre est comme paralysé et il doit garder les yeux ouverts comme s'il avait un regard hagard. Et chaque fois aussi que Le Diable incline la tête de haut en bas le monologue d'Alexandre repart.

LE DIABLE

Tous pardonnés, dis-tu ? Espèce de crétin ! Ne vois-tu pas que tu te leurres et que tu leurres tout le monde avec toi !... Ne voient-ils pas tous, ces humains que la dévastation est toute proche et que mon heure avance ? Sur terre, tout ce qui s'y produira, est annoncé dans l'Écriture. Mais je le leur cache. Je le leur cache bien à tous ces crétins. Et n'est-ce pas moi, eh oui, moi, le père du mensonge, qui fait ainsi bassement toutes ces choses ? Et qui vous donne toutes ces fausses pensées ? Tu te fatigues à prouver ceci ou cela et tu crois te faire plaisir ou régaler les autres mais c'est moi, en réalité, que tu régales ! Moi, le père du mensonge... Hem, il va falloir que je trouve une astuce pour te ridiculiser toi et tes pareils. Mais attendons de voir la suite...

ALEXANDRE

Tous ! Puis comment croire au Jugement dernier dont la venue est affirmée dans maints passages de l'Évangile ? Petit j'y ai souvent cru. Mais maintenant c'est d'un autre âge pour moi, c'est-à-dire sans conteste pour nous autres gens de la Russie... Au juste qu'en est-il pour nous ? La fin des temps est-elle vraiment la solution finale ? Et peut-on vraiment en finir, une bonne fois, avec l'Enfer ? Eh bien, nous osons dire que oui et que le Jugement dernier n'est vraiment pas la solution miracle ! Avec nous, c'est aussi ce que disent certains manuscrits.

Vous savez, ces manuscrits fameux, qui ont été retrouvés dans nos archives, celles bien sûr du KGB à la Loubianka et dans les archives du monastère de la Trinité-Saint-Serge à Zagorsk près de Moscou... Ces manuscrits ne contiennent aucun retour du Christ Jésus, il n'y a absolument aucun combat contre l'Antéchrist... Euh, il y aura des surhommes aux pouvoirs surnaturels et... Euh... en ces temps-là, on accèdera à la sagesse et à la paix... et... heu... chacun d'entre nous s'unifiera en un même cœur, etc., etc. Bref, la terre, notre chère terre, sera enfin ordonnée et l'on verra tout, l'on saura tout du monde et du corps humain et... heu... l'homme retrouvera le bon chemin et Lucifer... euh... Bref, bref, même dans l'apocatasta... quelque chose. Je ne me souviens plus du terme exact. Bref, bref, là également, en fin de compte, tous les hommes seront sauvés, et le Diable aussi. Comment donc en douter ? Mais en attendant, il est légitime que l'homme erre dans le Mal à travers des guerres, etc., etc. Il faut donc, qu'on le veuille ou non, créer l'ordre par le Chaos, etc., etc... Noble assemblée, je vous avoue ne pas maîtriser le sujet. Cela dit, malgré l'Apocalypse annoncée à chaque fin de millénaire, sachez que l'humanité est toujours debout et qu'elle a survécu tant bien que mal à tous ses drames depuis sa Création, non ? Heu... si aujourd'hui, on ne croit plus guère aux prophéties de la fin des temps, c'est qu'on a raison, n'est-il pas vrai ? Euh... on veut nous faire croire que ces manuscrits et ces prophéties sont des canulars ou sont farfelus. Ta, ta, ta, parce que... bon, bon, j'arrête, j'arrête, j'avoue mélanger tout ! Euh... noble assemblée, quoi que je dise, quoi que je fasse, et même si j'entasse péché sur péché, je serai quand même sauvé et vous aussi. Ah n'est-elle pas belle la vie ?

LE DIABLE

Voyez-moi ce fumier et tous les autres avec ! Tiens-toi donc sur tes gardes, et d'abord est-ce que moi personnellement je tiens à être sauvé ? Pas du tout, espèce de crétin que tu es !... Hem, qu'est-ce que je pourrais inventer comme astuce ?... Ah oui, je vois, faisons lui faire des rythmes maudits ou endiablés comme moi... ou bien non, soyons un peu plus astucieux que d'habitude... Faisons lui siffloter assez bêtement l'air de l'improbable et beaucoup trop naïve chanson de... Oui celle de Michel Polnareff « On ira tous au paradis »... hi, hi....

ALEXANDRE *tout en sifflotant la chanson*

Tiens, voilà que je chante un air que je ne connais même pas ! Il est plutôt beau ! Et cette subite inspiration prouve que j'ai raison ! Donc que nous croyons en Dieu ou non, que nous y mettions notre foi ou pas, cela n'a aucune espèce d'importance. Aucune ! Vu que s'il existe il nous pardonnera tous. Tous !... Ah qu'il m'énerve ! Vous savez très bien de qui je parle, n'est-ce pas ? Bien sûr que je parle de ce Hovhannès, de ce très mauvais poète arménien, avec ses sales ragots. Il est toujours en train de parler de Jugement dernier. À l'écouter c'est pour bientôt ! Mais regarde Alex ! Même cette noble assemblée semble divisée. Il faut croire que ce Hovhannès soit très fort au point de la séparer en deux camps. Mais ce qui fait sa gloire se révèle être autant de tares à mes yeux. Il faut donc l'éliminer ce Hovhannès qui te fait tant d'ombre ! Car tu es le bras armé de ton pays. Ne l'oublie pas ! La seule chose qui compte pour moi est ma réussite dans le monde. J'aime mieux être pendu que de m'en priver. Sûr, tu rivaliseras un jour avec le Président. Qui sait ?... Telle est la raison de ma présence dans ce lieu, je sers le KGB purement et simplement ! Et j'en suis fier ! Mais avant que tout ne vire au gag, il faudrait que j'affine mon rôle de grille-pain. Oui, que ces deux groggy terminent donc comme deux tartines beurrées ! Je le veux ! J'ai d'abord joué mon rôle avec enthousiasme mais maintenant j'ai du mal à rentrer dans la peau de mon personnage. Mince ! Qu'est-ce que je joue mal ! Mais d'une, je n'ai guère d'estime pour eux et de deux, je les trouve encore pires que les premières fois. Selon moi ils sont comme une fausse pièce policière. Enfin ! Là n'est pas la question ! Notre défi est de coincer ce Youri et ce Hovhannès qui ont commis les pires crimes crapuleux puisqu'ils sont tous deux des croyants orthodoxes ! Des croyants dans notre Russie qui se veut résolument athée depuis le mois dernier ! Qu'ils aillent au diable ! Pendant que j'y suis, je vais lire la lettre dactylographiée que l'on a trouvée dans la poche de Youri lors de son arrestation. Je l'ai lue et relue mais tant pis ! Alors ! Qu'est-ce qu'elle dit déjà ? Faut-il signaler que ce n'est pas lui qui l'a écrite mais qu'il a dû se payer un écrivain ? C'est facile à deviner puisqu'il ne saurait faire d'aussi belles phrases ! Du moins, on le suppose d'après ce qu'il y a dans la lettre. Mais est-il vraiment analphabète comme il le prétend ? Ça c'est une autre affaire que nous éclaircirons plus tard. On n'en sait fichtre rien pour l'instant. Il masque la vérité ce caïd ! Je la lis donc... non, je ne la relirai pas, tellement elle m'agace !... Il croit peut-être qu'on va le plaindre ou qu'il va bénéficier d'une remise officielle de ses peines de prison ! Qu'on le sache une bonne fois ! Ici il n'y a pas de dignité, il y a là une question de hiérarchie. À vrai dire, pas de pitié pour les prisonniers ! S'ils sont là c'est pour une bonne raison. Et les dégradations morales des prisonniers sont pour nous d'une importance capitale. De degré en degré, il nous faut les dégoûter de la vie. C'est cet homme fort, cet autre puissant, ce troisième régnant sur tout, et cet autre ayant une certaine notoriété dans la Nomenklatura, c'est seulement tout ça qui compte à nos yeux. Oui, c'est nos œuvres qui comptent et notre vie ne compte pas. Nous devons être uniquement au service de l'apparatchik. Car tout sera détruit sauf nos œuvres ; nos vies ne comptent donc pas mais nos œuvres comptent. Et donc, tout y est pour commanditer le crime de Hovhannès. Comment cela doit arriver et demeurer dans notre décision n'a aucune espèce d'importance. Qu'il vive ou qu'il meure, revêt un caractère absolument négligeable. Le livrer entre les mains de Youri, revient à le ravaler au rang des animaux. Vouloir le préserver, c'est vouloir mêler les torchons et les serviettes. S'égare-t-on ? Je ne crois pas. Sans doute est-ce ainsi que vivent les hommes dans leur volonté la plus intime. Sans doute cela leurs procurent-ils plus de force et plus de plénitude dans l'effet tonifiant du pouvoir ! De toute façon, Hovhannès est un pauvre type ! C'est un poète arménien raté qui joue les artistes. C'est un pitre, un bouffon, un satyre, un proscrit, un parasite social et c'est tout ! Il se recommande de ce Jésus de Nazareth et il est donc lié à fond au christianisme. Il ne parle que de lui. Il n'a que ce nom à la bouche. Il souhaite un bien-être général. Un bien-être géré planétairement. Mais il faut prendre garde. Il faut prendre soin d'éloigner ce bien-être pour tous. Nous nous tenons désormais en présence d'un adversaire politique. Tout comme l'étaient ses misérables devanciers avec notre regretté Staline. Partout il revendique un déploiement de forces pour une révolution mondiale ou une rébellion inégalée. Partout il cherche à organiser des manifestations chrétiennes. D'où notre intention de le liquider, de le faire périr dans l'urgence ! Il devient aussi dangereux que toutes les cliques d'individus qui sont de sa pire espèce, qui se tiennent à un niveau plus bas encore que la petitesse et la mesquinerie. Il s'agit donc de se montrer fort prudent avec tous ces moujiks enragés ! Ils sont vraiment victimes de leur propre médiocrité ces soi-disant chrétiens orthodoxes et pourtant leur influence redevient d'une extrême actualité ! Encore une fois, c'est la raison pour laquelle il faut rayer Hovhannès de la surface du globe puisque ce n'est pas un cadeau même s'il est issu d'un rang supérieur ! C'est ignoble ? C'est inhumain ? Ça ne fait rien, j'accomplirai mon devoir jusqu'au bout. Je veux répondre à toutes les exigences d'en haut. Je ferai ce qu'ils voudront. Je m'en fiche après tout ! Je suis là pour ça et il faut bien s'alimenter ! Mais où sont-ils donc, les dirigeants ? Au juste, je ne le sais pas ! Et puis quelle importance ! C'est comme c'est. Ce qui veut dire aussi que l'humanité telle qu'elle est va assez bien. Elle ne verra jamais sa fin comme croient l'indiquer tous ces Jésus. Mangeons et buvons, car demain nous mourrons et n'attachons aucune importance à tous ces discours alarmistes de fin des Temps... Ah, Alex regarde vers l'horizon ! Dis, la mer est loin ? Hélas, elle est loin. Oh, de toutes façons, lorsque j'aurai fini avec cette piètre besogne nous irons, avec Olga et nos enfants, jusqu'à la mer. On peut la traverser à pieds, tellement l'eau est peu profonde. Par endroits, on en a jusqu'aux genoux. On ira ensuite dans une isba imprégnée d'air salé. On nous préparera du thé chaud, du café et des tas de crêpes. On distribuera des bols en porcelaine et tous s'attableront. Quelle merveille ! Quelle leçon de vie !

Silence. Il range la lettre dans sa poche. On ouvre de nouveau la porte. Le gardien paraît d'abord tout seul. Alexandre avance vers lui en souriant. Ils se serrent la main. Peu de temps après, les deux autres détenus entrent à leur tour en baissant toujours la tête. Le gardien ferme la porte. Quand tout devient silencieux et lorsque chacun reprend sa place, Alexandre s'incline très bas devant Youri. Long silence.

HOVHANNÈS
Je suis fils de Pope ! Vous le saviez ?

ALEXANDRE
Oui, évidemment ! Mais on s'en fiche !

HOVHANNÈS
Forcément, toi en tant que bourgeois et... Après tout, t'as jamais connu le travail de l'ouvrier auquel je pense ! Bien que d'un point de vue physique mon état soit encore fragile,

j'hésiterai pas à faire le boulot de mineur ! Je suis pas un chrétien pour rire, moi. Un vrai prolo, quoi !

ALEXANDRE
Malade !

HOVHANNÈS
C'est curieux, hein ? Un écrivain comme moi qui se veut un ouvrier ! Ça a de quoi surprendre, hein ? Y'a pas de classe au-dessous de la mienne qui me plaise autant. Je vous en donne ma parole ! Y a longtemps que je l'aurais fait, moi, descendre dans les mines, si j'avais pas été écroué et je peux pas y aller non plus, moi, vous savez, à cause que je suis malade. Ah ! si j'étais pas fragile, comment que j'y foutrais mon nez, moi, aux mines ! À toutes les mines ! A toutes les mines vous m'entendez ! A toutes ! Qu'on n'en parle plus ! Jamais !

ALEXANDRE
Mais t'aurais pas pu ! T'es un gosse de riche malgré tout, Hovhannès !

HOVHANNÈS
Est-ce que c'est ma faute ?

ALEXANDRE
Non, mais t'es né agitateur !

HOVHANNÈS
J'aime le peuple, tu comprends ? Moi, je veux le
défendre !

ALEXANDRE
Menteur ! A moi, on peut pas me mentir !

HOVHANNÈS
C'est vrai que quelquefois je mens un peu. Mais
là je suis tout à fait sincère !

ALEXANDRE
Mentir ! C'est ce que tu fais de mieux dans ta
vie !

HOVHANNÈS
Et toi alors ?

ALEXANDRE
Moi ça c'est mon affaire !

HOVHANNÈS *à Youri*
Ah, ignorons-le ! Comment tu l'as connu notre
cher Penseur, Youri, cela ne date pas d'hier,
n'est-ce pas ?

YOURI
T'aimerais le savoir ?

HOVHANNÈS *émoustillé*

Ah ! ça, ça me ferait plaisir ! Y a douze mois que nous sommes ici et j'le sais toujours pas !

YOURI *à Alexandre*

Et toi ?

ALEXANDRE

Tout le monde est au courant. Il s'agit de choses qu'on connaît déjà.

YOURI

Ça m'étonnerait, j'en ai jamais parlé !

ALEXANDRE

Jamais ?

YOURI

Non ! Je compte sur toi pour me rafraîchir la mémoire !

ALEXANDRE

J'ai dû oublier !

YOURI

Tu peux toujours essayer de t'en rappeler !

ALEXANDRE *Ne dit rien. Il est tendu.*

YOURI *soudain soupçonneux*
Vas-y !

ALEXANDRE
Oui. Bon. J'ai dû me tromper.

HOVHANNÈS
On s'en fiche ! Oh ! Parle-moi du Penseur, tu veux ?

YOURI *sans plus de soupçon*
Oh ! Au fond, que tu le saches ou pas, ne change rien à l'affaire.

ALEXANDRE
Tu as raison : c'est sans importance !

YOURI
Ça te chiffonnerait si je parlais de mon noble copain ?

ALEXANDRE *soudain détendu*
Pourquoi pas ? Moi, je suis pas contre !

YOURI
J'ai vu pour la première fois cette sculpture en rentrant de la promenade à la tombée de la nuit l'été dernier. Je lui ai envoyé un clin d'œil et elle s'est retenue de me répondre. À la place de la réponse ce fut le silence et c'est dans ce silence que

j'ai appris à l'aimer. Elle ne me lâche plus depuis qu'il m'a été donné une fois de la voir. C'est seulement après qu'Alex m'en a fait un catalogue raisonné. C'est quelque chose ? Non ?

On entend des bruits de clefs qui ouvrent des serrures, au loin d'abord, et puis de plus en plus près. Tous les trois s'arrêtent de parler pour écouter. Mais leur porte ne s'ouvre pas et les bruits s'éloignent. Ils reprennent la discussion. Youri fait face à la sculpture.

YOURI *caressant le Penseur*
C'est une émotion profonde que je ressens en voyant un tel individu qui, si concentré sur lui-même, assis d'une drôle de façon, s'épanche sur l'Enfer et ne le quitte plus ! Je suis prêt à mettre sur son doigt une alliance en or. Je suis sûr qu'il m'aime ! Là je m'adresse à vous deux. Ce Penseur, en un mot : je l'aime d'un amour très profond, vous avez pu vous en rendre compte !

HOVHANNÈS
Oh ! ça oui ! C'est limpide !

ALEXANDRE
C'est une escroquerie !

YOURI
Quoi ?

ALEXANDRE
Le Penseur en personne. Rodin l'a trafiqué de
ses mains pour nous épater à tour de rôle. Mais
il est toujours trempé de glaise !

YOURI *coléreux*
Tu me cherches ?

ALEXANDRE
Non.

YOURI
Tant mieux !... et... et...

Youri roule alors de gros yeux semblant avoir peur.

YOURI
Hein ?... Quoi ?... Qu'est-ce que j'entends ?... On
en veut à ma peau !... À l'assassin ! À
l'assassin !... On veut me tuer ! On cherche à me
tuer ! Au secours !... Au secours ! On en veut à
ma vie !... C'est ça, venez ! Venez tous et tâtez de
mes gros poings si vous avez suffisamment de
cran...

*Youri paraît assez vite se calmer. Hovhannès
s'approche de lui, retire de sa poche des images
d'icônes et de saints d'Orient et les lui montre. Et*

Youri semble prendre plaisir à les voir mais cela dure un très bref moment.

YOURI

Cache-moi ça que je ne saurai supporter de voir trop longtemps ! Cache-moi ça Hovhannès ! Cache-moi ça ou bien, ma parole, je déchire le tout !... Et puis, note-le bien, je ne suis plus un bigot... À d'autres ! À d'autres que moi au sujet de tout ça... Tu m'entends ? À d'autres... Même si c'est vrai que quelquefois, sans doute, je pourrai y trouver un refuge... Mais non, non arrête, cache ça... pour l'instant, en tous cas...

Un surveillant vient et les fait tous sortir. Bref silence. Apparaît alors subitement Le Diable accompagné d'un Démon. Ils se mettent à discuter sous des rythmes enfiévrés ou endiablés. Le Diable est assis en majesté sur son trône tandis que Le Démon à sa droite reste debout.

LE DIABLE

Ce diable de Hovhannès je ne peux directement l'atteindre. Et je ne peux certes pas atteindre les autres quand il est là. Ordre m'a été donné d'en haut !

LE DÉMON

Comment vas-tu t'y prendre ô Adorable Maître ?

LE DIABLE
Oh ! Je trouverai bien un moyen va ! L'ignores-tu ?
J'ai plus d'un tour dans mon sac... En douterais-tu
vaurien ?

LE DÉMON
Comment l'oserai-je ô Grand Maître ?

LE DIABLE
Tu sembles bien sage pour un sale démon ?...
Néanmoins il faut bien qu'il y ait un vice en toi !...

LE DÉMON
Revêtez l'armure complète de Dieu contre les
manœuvres du Diable…
C'est dit dans la Bible !

LE DIABLE
Ne prononce plus ce mot de « Bible »
malheureux ! ou bien je te tords le cou... c'est
compris ?

LE DÉMON
Oui, Maître.

LE DIABLE
Bon ! Sac à vin... Allons-nous en d'ici, vite fait bien
fait ! Avant qu'ils ne reviennent tous... allons-nous
en !

LE DÉMON
Bien ! Sulfureux Maître !

Ils disparaissent subitement comme ils sont venus au commencement en laissant derrière eux une vilaine odeur de soufre. Bref silence. On fait ensuite entrer Hovhannès seul. Bref silence. Il dira ces poèmes en forme de haïkus tout en tournant autour de la sculpture. Après chaque haïku, Hovhannès observera un assez long silence. Entre les deux espaces de temps, l'on pourra mettre de la musique d'ambiance.

Maillol
pas Rodin
Maillol

Poète
je le suis
dans une situation difficile

Poète
je le suis
mais méprisé

Pareil à un singe
est le Penseur
comme mes codétenus

Les codétenus et le Penseur
des singes si forts
Que l'on s'en souvienne

Risibles et incorrigibles
Avec ces singes
comme je suis seul

Ma tâche quotidienne
l'étudiez ce singe
ainsi que mes coreligionnaire

Le Penseur
dans le froid du soir
sa pensée le courbe

Du vent
avec du sable
dans sa main a le Penseur
Du Penseur
dans son esprit
combien tout s'agite

Ici même ce singe
bien boire aimerait
l'eau des fontaines

Dans le Penseur
le chemin du Paradis
peut être perçu

Avec le Penseur
du matin au soir
quelle longue journée

Foulant les nuages
respirant l'albâtre
l'infortuné Penseur

Rodin,
dans quel but
l'a-t-il sculpté ?
Comme cruches d'eau froides
aux sculptures de Maillol
de me rafraîchir je demande

Rien qu'à elles
de m'éventer
ah je les sollicite

Maillol
pas Rodin
Maillol

Il s'arrête. Long silence. Reviennent ensuite Youri et Alexandre et une suite de surveillants. Puis ceux-ci repartent aussitôt. Pause.

YOURI
Ma pauvre sculpture ! Au fond, si elle te plaît

pas, débrouille-toi avec la direction pour changer de cellule !

ALEXANDRE
Tu t'énerves ? Pour si peu ! Ce Penseur, comme crâne et comme cerveau, revient-il vraiment d'un pays si lointain et si secret, à partir duquel on puisse autrement réfléchir ?

YOURI
Celui qui n'a pas fait le même chemin ne pourra jamais le savoir.

HOVHANNÈS *comme pâmé*
D'où lui vient cette force prodigieuse ?

ALEXANDRE
C'est pas une force. C'est une faiblesse. C'est pire. Parce que Rodin, naturellement, ce fut un vieux gâteux !

HOVHANNÈS
On t'ignore ! Tu sais pas encore ce que c'est qu'un très beau poème !

ALEXANDRE
J'en veux pas de ton poème !

HOVHANNÈS
Si tu râles c'est seulement parce que tu occupes

très peu de place dans le cœur de Youri !

YOURI
Il a raison. Oui, bien sûr qu'il a raison. Tu es jaloux, je vois bien.

ALEXANDRE
Il faut être cinglé pour tomber amoureux d'une statue ! Youri, je t'accuse pas ! Mais je me demande pourquoi tu aimes l'art ancien et pas l'art nouveau !

HOVHANNÈS
L'art ? Qu'est-ce que l'art vient faire ici ?

ALEXANDRE
Ça m'aurait étonné que tu ramènes pas ta fraise !

YOURI
Mon Penseur ! Et ça ? *Il désigne la tête du Penseur.* Il est actif ou passif son cerveau ? Répondez ? *Silence.* Un jour la lumière devra être faite sur l'extraordinaire cerveau de ce Penseur !

HOVHANNÈS *étonné*
Actif ou passif ? Comment ça ?

YOURI
Y a pas que les voisins qui sachent réfléchir !

HOVHANNÈS *de même*
C'est surprenant ! Je ne te croyais pas capable d'un tel vocabulaire !

ALEXANDRE
Alors, actif ou passif ?

YOURI
Il est actif en s'engageant dans une pensée concentrée à l'extrême et passif en se laissant embarquer par elle, elle qui plonge jusqu'au monde souterrain des Enfers ! Tout comme lui moi aussi j'ai navigué dans des eaux tumultueuses ! N'est-ce pas vrai, mon cher *Penseur* ?

HOVHANNÈS *n'en revenant pas*
Ouah ! Ouah ! J'en deviens muet !

ALEXANDRE
Il nous joue peut-être une comédie !

YOURI
Ce *Penseur* est ce qu'il y a de plus influent dans le monde entier ! Ce qui se dit dans la pensée de ce *Penseur*, c'est que nous ne sommes rien. Aussi, pour être tout, il n'y a que ce que nous recherchons qui convienne !

HOVHANNÈS *un peu plus pâmé*
Comme c'est joliment dit ! Y a de quoi chasser le

cafard ! Comme quand on est à l'écoute de
brillants poètes.

ALEXANDRE

On connaît tes goûts ! Et puis pas la peine de
nous faire étalage de ta pseudo culture et de
nous citer des noms qui ne sont pas à ta
pointure !

HOVHANNÈS *riant*

T'as raison ! Revenons à ce noble *Penseur* ! Je dis
qu'il ressemble à du soleil dans notre cellule !
Pas vrai, Youri ?

YOURI

C'est vrai. C'est déjà beau qu'il illumine la prison
avec son cerveau !

ALEXANDRE

Drôle de geôle ! Il y a là un individu qui vous
égare par-delà la raison ! Méfiez-vous de ce
Penseur !

YOURI

C'est déjà splendide que son esprit qui consume
sa tête et son cerveau ait la patience de s'y tenir
depuis plus d'un siècle environ et que ses forces
ne soient pas encore épuisées ! Sachez que ce
Penseur est toute ma vie ! Que personne ne
l'oublie !

HOVHANNÈS
Personne ne l'oubliera. Sauf Alex, sans doute !

ALEXANDRE
Pourquoi ? Je fais avec. Tu le sais bien.

HOVHANNÈS
Tu crains qu'il t'écrabouille complètement, Youri ? À moins que tu n'es jamais eu peur de lui. Tu nous joues peut-être une comédie ? Tu dois nous tromper comme les autres !

ALEXANDRE
Moi, je ne joue pas. Qui sont les autres ?

HOVHANNÈS
Tous ces comiques. Vous êtes tous des comiques. Toi aussi.

ALEXANDRE
Comique ? Tu t'oublies ? Tu fais dans la dentelle ? Ou tu veux préserver ta réputation d'homme qui casse les pierres dans des carrières ?

HOVHANNÈS
Tu te trompes. Je n'ai jamais voulu casser de pierres. Mais extraire du charbon dans les mines.

ALEXANDRE
C'est pareil. Carrières ou mines.

YOURI *en colère*
Arrêtez !

ALEXANDRE
Excuse-nous.

Youri marche doucement mais il est nerveux. Il parcourt la scène de la limite de l'estrade où se trouve le public jusqu'au bout d'une coulisse à l'autre. Puis il reprend la même place mais caresse cette fois-ci la croupe du Penseur. *Il fait ce geste pendant quelques secondes ensuite il se contente de toucher le visage de la statue. Hovhannès et Alexandre ne bougent pratiquement pas. Ces deux-là auront l'air étonné : le premier de façon réel et le second de façon simulé. Bien sûr, le second cachera son côté simulateur.*

HOVHANNÈS
Peux-tu, Youri, me reparler du *Penseur* ?

YOURI
Ça te plaît tant que j'en reparle ?

HOVHANNÈS
Oui, j'en ai très envie !

YOURI
Ça me fatigue. Mais avec toi, c'est l'inverse. Ça me
stimule !

HOVHANNÈS
Tu en reparles alors ?

YOURI
Pourquoi pas ? Ça t'intéresse vivement, je le
reconnais à ta voix !

HOVHANNÈS
Chouette !

YOURI
Toi aussi, tu es pour, Alex ?

ALEXANDRE
Ça m'est égal, à vrai dire !

YOURI *agressif*
Tu parles d'un mec ! T'es un imbécile !

HOVHANNÈS
Laisse-le tomber ! Moi, je t'écoute, Youri !

YOURI *de même*
Qu'il s'attende à un drame, s'il continue !

HOVHANNÈS

On pourra jamais savoir pourquoi un gars comme lui est parmi nous. Il ne respecte même pas le langage des fleurs.

YOURI

Il devrait foutre le camp !

HOVHANNÈS

Par erreur, il est là. Il est là par erreur.

YOURI

Par erreur ? T'as raison !

HOVHANNÈS

Alors, à propos du Penseur ?

YOURI *plus calme*

Qu'est-ce que tu veux savoir ?

HOVHANNÈS

Ce *Penseur*, qu'est-ce qu'il faisait au moment où il n'était pas encore ?

YOURI

C'est une excellente question ! Je dirai qu'il était ce qu'il était.

HOVHANNÈS *piqué par la curiosité*

Qu'il était ce qu'il était ? C'est-à-dire ? Je n'arrive

pas à comprendre ?

YOURI
En résumé, il n'était pas quelque chose, mais n'était pas rien.

HOVHANNÈS *de même*
C'est beau ce que tu dis, Youri !

YOURI
Comment ça ? C'est beau peut-être mais c'est la vérité !

HOVHANNÈS
Alors, si j'en juge par moi-même, là il n'avait pas de maître ?

YOURI
Non, car il était un être libre.

HOVHANNÈS
Comment était-il avant de venir au monde ?

YOURI
Il était lui-même et rien d'autre.

HOVHANNÈS
Là il était libre de Rodin et de toutes choses ?

YOURI

C'est bien ça ! Pas la peine de te faire un dessin.

HOVHANNÈS

Pourtant tu me fais bouger l'âme et l'esprit !

YOURI

Je n'y suis pour rien ! Poursuis ton questionnement si tu le souhaites !

HOVHANNÈS

Je veux bien. D'une part, lorsque *Le Penseur* naquit dans l'esprit de Rodin et d'autre part lorsque *Le Penseur* sortit des mains de ce sculpteur et qu'il reçut cette belle enveloppe, autrement dit matière et forme, n'eût-il pas un Dieu ?

YOURI

Bien entendu, mais avant qu'il prit forme dans le cerveau de Rodin, ce *Penseur* ne voulait ni ne désirait rien comme au temps où il n'était pas encore !

HOVHANNÈS

Mais alors ce *Penseur* n'a pas besoin de nous ni à priori de toi ?

YOURI

C'est juste. Mais je suis sensible à cette sculpture, je me sens attiré par elle. C'est ce qui me permet d'aller mieux, de tenir bon.

ALEXANDRE
Parce que ? Tu le trouves beau ?

YOURI
C'est vrai ! Il est beau, ce Penseur, mais c'est pas simplement sa beauté qui me soutient.

ALEXANDRE *sarcastique*
Et alors ? C'est quoi ? Son dos ?

HOVHANNÈS
Laisse-le parler. C'est pas un pote à nous. Continue.

YOURI
Vivre ici en prison signifie pour moi être auprès du *Penseur* en me comportant par rapport à lui. Mais ce n'est pas tout !

HOVHANNÈS
Ah bon !

YOURI
C'est l'être le plus noble que je connaisse et je suis certain de ceci : lorsque je le vis pour la première fois je n'avais pas pris conscience du vrai sens de son message. C'est une œuvre pleine de richesse. Elle s'étend sur le monde artistique et le domine

avec tant d'autres chefs-d'œuvre bien entendu. Mais si incroyable que cela puisse paraître, il est le premier penseur à être descendu en Enfer pour nous en ramener un ensemble de choses à la fois poétiques et philosophiques.

HOVHANNÈS
Ça pourrait être l'objet d'une propagande auprès d'un pauvre ouvrier si on veut être bon pour lui et un plaidoyer contre la prison, la brutalité sociale ou la répression si on était aussi capable, aussi habile, aussi intelligent que toi, Youri ! Parce que l'œuvre est ensuite arrachée des mains de celui qui l'a produite, non ?

YOURI
Ici tu veux parler du *Penseur* ?

HOVHANNÈS
Évidemment ! Il obtient une place grandiose auprès des plus grands orateurs de la liberté, d'après tout ce que t'as dit, tu trouves pas ?

YOURI
Sans doute. Mais j'ai aucun goût pour la politique, tu le sais bien !

HOVHANNÈS
Je suis au courant. Mais on va voir ce que la société va faire de nous !

ALEXANDRE
C'est à voir en effet !

La porte de la cellule s'ouvre. Entre le gardien Igor.

LE SURVEILLANT IGOR
Vous devez sortir. Qui commence ? *À Youri
envers qui il se montre sec* Sors.

*Youri sort de la cellule, suivi de Hovhannès et
Alexandre enfin qui reçoit discrètement une tape sur
le dos. Le gardien Igor ferme la porte de la cellule
derrière lui.*

RIDEAU

ACTE 2

Le Penseur est toujours là, Alexandre est en train de scier sa tête et il est en compagnie du Surveillant Général Vassili. Youri et Hovhannès ne sont pas présents.

LE SURVEILLANT GÉNÉRAL VASSILI
Tout devrait fonctionner. Qu'on ne se fasse pas de souci. Logiquement cet écrivain de bohème devra se soûler à la vodka. Il sera en état d'ivresse, et si la consommation d'alcool ne suffit pas, on lui fera fumer de la marijuana. L'effet exercé par tout ce mélange le rendra réceptif à nos commandements, ne pensez-vous pas ?

ALEXANDRE *s'arrêtant de scier*
Si ! Du moment que cela concorde avec nos plans !

LE SURVEILLANT GÉNÉRAL
Vous avez fini de scier ?

ALEXANDRE
Oui ! C'est parfait comme ça ! Un simple coup fera tomber la tête !

LE SURVEILLANT GÉNÉRAL *reculant*
C'est du beau travail !

ALEXANDRE
Je veux que tout se passe bien. Dites aux surveillants de ne pas toucher à la sculpture.

LE SURVEILLANT GÉNÉRAL
On prétend que cet écrivain va finir par être édité !

ALEXANDRE
Ce ne sont que des rumeurs.

LE SURVEILLANT GÉNÉRAL
Après tout c'est peut-être vrai, qui sait ?

ALEXANDRE
Impossible de publier un gars comme ça.

LE SURVEILLANT GÉNÉRAL
Vous ne l'aimez guère !

ALEXANDRE
Non. Cet individu n'est qu'une réplique d'un robot et il est comme un pur automate sorti tout droit du goulag. Nous devons le frapper sans remords. Nous devons le détruire avec dédain. Il s'agit de vidanger la terre de gars comme lui.

LE SURVEILLANT GÉNÉRAL

Bon ! En somme, tout consiste à le rendre aveugle et incontrôlable dans ses gestes.

ALEXANDRE

Vous avez bien saisi la consigne. Tout a été étudié pour qu'il brise le plâtre et pour qu'il soit livré entre les mains de ce caïd. Surtout ne rendez pas public sa mort.

LE SURVEILLANT GÉNÉRAL

Ça m'a l'air inhumain !

ALEXANDRE

Moi je fais mon métier.

LE SURVEILLANT GÉNÉRAL

Tout bien considéré, il me fait de la peine !

ALEXANDRE

Ranger votre peine au placard.

LE SURVEILLANT GÉNÉRAL

Personne ne peut aller à l'encontre des lois, et tuer sans être impuni !

ALEXANDRE

Il est vrai que nous sommes cruels et c'est une erreur de croire que nous appliquons uniquement les lois en vigueur. Celles-ci sont superficielles et impuissantes à calmer les durs, les costauds, les bandits, les truands de toutes sortes. Qu'y a-t-il de plus douteux que ces lois ? Il s'agit donc de les simplifier et de les ramener à notre propre logique comme si la peine de mort qu'on a bêtement abolie, existait encore pour nous. Nous sommes méchants et mauvais, y compris dans notre vie quotidienne. Soyez comme nous sans mollesse ni pusillanimité. Soyez endurci et persévérant dans vos décisions. C'est là qu'est la vraie vie et le vrai printemps ! Voilà tout ce que je peux dire !

LE SURVEILLANT GÉNÉRAL
C'est tout ?

ALEXANDRE
J'ai rien d'autre à ajouter. Mais je vois que vous contestez les ordres !

LE SURVEILLANT GÉNÉRAL
Aucunement ! Mais vous êtes tous fous !

ALEXANDRE
Vous aussi.

LE SURVEILLANT GÉNÉRAL
Pas plus que vous. Mais laissons ça. Tout est-il prêt ?

ALEXANDRE

Ça ne se voit pas !

LE SURVEILLANT GÉNÉRAL

Alors allons-y.

Ils sortent. Très, très bref silence. Puis Le Diable apparaît assez furtivement. Il est déguisé en Le Directeur de la prison. Mais Alexandre ne remarque sa présence qu'au bout d'un certain temps.

ALEXANDRE

Vous ici ? Mais comment êtes-vous entré ?

LE DIABLE

Par la porte d'entrée pardi ! Vous ne m'avez pas vu venir voilà tout !

ALEXANDRE

La porte d'entrée ? Mais celle-ci demeure toujours fermée ?

LE DIABLE

Essayez pour voir ! Allez-y et vous verrez par vous-même qu'elle est ouverte cette fameuse porte.

ALEXANDRE

Ah bon ?... Bon, bon admettons... mais que nous vaut l'honneur de votre visite ici ?

LE DIABLE

Je suis venu afin que vous sachiez que ce soir, à trois heures du matin, notre ami Hovhannès doit mourir... eh bien qu'en pensez-vous et qu'attendez-vous pour le faire ? L'heure approche...

ALEXANDRE

Je le sais bien mais comment savez-vous ça vous-même ?

LE DIABLE

Je le sais, c'est tout !

ALEXANDRE

Pourtant nous ne sommes que quelques-uns à le savoir ?

LE DIABLE

Peu m'en chaut. J'ai été mis au courant voilà tout ! Donc ne cherchez pas trop à comprendre, je vous prie.

ALEXANDRE

Très bien, très, très bien monsieur le Directeur. Vous voilà donc informé. Pour ce qui est de l'exécution de Hovhannès, eh bien... non, rien !

LE DIABLE

Dites ! Dites toujours !...

ALEXANDRE
J'allais dire que...

LE DIABLE
Eh bien j'écoute... achevez votre phrase !

ALEXANDRE
J'allais dire que...

LE DIABLE
Eh bien j'achève à votre place. Vous alliez dire que...

Le Diable lui susurre quelque chose à l'oreille et au bout d'un court instant Alexandre en paraît tout retourné.

ALEXANDRE *stupéfait*
Mais comment l'avez-vous su ? Décidément rien ne vous échappe monsieur le Directeur. Vous savez tout.

LE DIABLE
En effet. Rien ne m'échappe. Absolument rien ! Et je sais tout. Absolument tout !

ALEXANDRE
C'est vraiment tout à votre honneur monsieur le Directeur.

LE DIABLE
N'est-ce pas !...

On entend un drôle de bruit. Alexandre se tourne du côté du bruit. Le Diable en profite alors pour disparaître. Alexandre brusquement revenu à lui :

ALEXANDRE
Monsieur le Directeur ?... Monsieur le Directeur ?... Où êtes-vous ?... Où êtes-vous ? Il a disparu ! Brusquement disparu !... Ça c'est curieux, très curieux !

VOIX OFF
Je ne te le fais pas dire voyou !...

ALEXANDRE
Mais c'est la voix du Directeur ! Monsieur le Directeur ? Monsieur le Directeur ? Ça alors !...

Il sort. Entrent ensuite Hovhannès et le gardien. Ce dernier porte deux bouteilles de vodka. Il garde sans arrêt un sourire niais et fat. Tous deux se placent devant Le Penseur.

LE SURVEILLANT
On a bien ri, hein ?

HOVHANNÈS

C'est vrai ! On a bien ri !

LE SURVEILLANT

On ne vous quittera plus. N'hésitez pas à nous demander quoi que ce soit. Tout ce que vous voudrez vous l'aurez.

HOVHANNÈS

Qu'est-ce qui me vaut cet honneur ?

LE SURVEILLANT

Vous le saurez plus tard. C'est une surprise !

HOVHANNÈS

J'adore ça !

LE SURVEILLANT

Quoi donc ?

HOVHANNÈS

Les surprises.

LE SURVEILLANT

Vous ne serez pas déçu ! Alors, c'est vrai ? Vous êtes croyant ?

HOVHANNÈS

Chrétien orthodoxe pour être plus précis.

LE SURVEILLANT
Moi aussi !

HOVHANNÈS
Ah bon ! Sans rire !

LE SURVEILLANT *tendant un verre de vodka à Hovhannès*
Parfaitement ! Buvons un coup à la santé de notre sainte Russie ! Vous voulez bien trinquer avec moi ?

HOVHANNÈS *prenant le verre*
Parbleu ! À la santé de Jésus et Marie !

LE SURVEILLANT
Pas le Président ?

HOVHANNÈS *buvant*
Si si si ! Aussi !

LE SURVEILLANT
La révolution prolétarienne !

HOVHANNÈS
La révolution prolétarienne ?

LE SURVEILLANT
Alors ?

HOVHANNÈS
Vive la révolution prolétarienne !

LE SURVEILLANT
La coupe est pleine !

HOVHANNÈS *buvant et éclatant de rire*
C'est le cas de le dire !

LE SURVEILLANT *faisant de même mais modérément*
Alors à la santé de tout le monde, non ?

HOVHANNÈS
D'accord mais pas aux dirigeants de ce monde. Je ne veux jamais plus être au service des bourgeois ! Jamais !

LE SURVEILLANT *tendant une bouteille de vodka*
Tenez ! Buvez ! Buvez ! Moi j'arrête de boire !

HOVHANNÈS
Pourquoi ?

LE SURVEILLANT
Hélas, j'ai une cirrhose !

HOVHANNÈS *s'emparant de la bouteille*
Mince ! Ça ne fait rien si je bois seul ?

LE SURVEILLANT
Absolument rien !

HOVHANNÈS *buvant un autre verre*
Moi j'ai encore le temps de gâter mon foie !

LE SURVEILLANT
Vous avez lu toute la Bible ?

HOVHANNÈS
Oui j'ai tout lu la Bible.

LE SURVEILLANT
De A à Z ?

HOVHANNÈS
De A à Z.

LE SURVEILLANT
Bravo !

HOVHANNÈS
Et vous ?

Le gardien cherche dans la poche de son uniforme d'où il retire une roulée.

LE SURVEILLANT *lui désignant la roulée*
Vous en voulez ?

HOVHANNÈS *surpris*
C'est quoi ?

LE SURVEILLANT
Du tabac.

HOVHANNÈS
Dites-moi je suis gâté !

LE SURVEILLANT
Profitez-en !

HOVHANNÈS *fumant et buvant*
Et vous ? Avez-vous lu toute la Bible ?

LE SURVEILLANT
Non, pas tout.

HOVHANNÈS
Pour quelle raison ?

LE SURVEILLANT
Je la trouve un peu obscure.

HOVHANNÈS
La Bible ? Bah, c'est une question de traduction.

LE SURVEILLANT
Vous trouvez ?

HOVHANNÈS
Il faut la lire en hébreu !

LE SURVEILLANT
Parce que vous l'avez lu dans cette langue ?

HOVHANNÈS
Pour sûr ! La lire en hébreu jette une lumière sur tout ce qu'on a pu écrire sur elle.

LE SURVEILLANT
Vous croyez ?

HOVHANNÈS
Bien sûr ! Lisez-la en hébreu rien que pour la beauté de cette langue !

LE SURVEILLANT *examinant la sculpture*
Elle est pas mal. C'est du plâtre ?

HOVHANNÈS *commençant à devenir soûl*
N'y touchez pas !

LE SURVEILLANT
Pourquoi ?

HOVHANNÈS
Ne la touchez pas ! Il est interdit de le faire !

LE SURVEILLANT
C'est le caïd qui ne veut pas ?

HOVHANNÈS
C'est exactement ça ! Il vous buterait sinon !

LE SURVEILLANT
Ce caïd ! Le courage ? C'est pas son blason.

HOVHANNÈS
Dites pas ça ! Oh, ma tête !

LE SURVEILLANT
C'est pas tout ! Faut que je retourne à ma section ! On m'y attend ! Ciao !

HOVHANNÈS
Ciao !

Hovhannès boit beaucoup. À la fin, il est complètement ivre. Il marche à l'aveuglette durant un bout de temps puis il heurte le pied de la sculpture et la tête qu'a sciée Alexandre vacille au point de se détacher de son buste. Arrive juste à ce moment-là Youri lequel se précipite sur Hovhannès et de rage l'étrangle jusqu'à ce que son codétenu glisse sur le sol en expirant. Youri se calme. Mais après un moment de silence, plusieurs surveillants apparaissent et lui mettent les menottes. Ils le mènent hors de la cellule.

Se pointent Alexandre, le gardien habituel Igor et le surveillant général Vassili.

LE SURVEILLANT IGOR
Une fois de plus les bagnards sont victimes de leurs sorts ! On dirait des rats faits !

ALEXANDRE *le visage détendu*
Ça a été besogneux tout de même !

LE SURVEILLANT GÉNÉRAL
Doit-on prévenir la famille du décès ?

ALEXANDRE
C'est inutile ! Voilà ce que ça coûte de faire de la politique ! L'humanité est telle qu'elle est et comme elle est, elle ne doit pas bouger. Pour nous, les détenteurs du pouvoir, sa mort a été méritée et insignifiante au sens large.

LE SURVEILLANT IGOR *triomphant*
Ils sont moins forts qu'avant ! Pour qui se prenaient-ils ?

ALEXANDRE *paraissant épuisé et la voix changée*
C'est un drôle de caïd et un écrivain raté que nous avons piégés d'une dédaigneuse façon !

LE SUEVEILLANT GÉNÉRAL
Vous voulez dire d'une infernale façon ! Vous

avez agi de manière inadmissible !

ALEXANDRE
Vous êtes de mèche avec eux ?

LE SURVEILLANT GÉNÉRAL
Moi ! Non !

ALEXANDRE
Alors vous serez médaillé.

LE SURVEILLANT GÉNÉRAL
Quel bénéfice en tirerai-je ?

ALEXANDRE
Ça vous regarde ! En ce qui nous concerne, il importe peu comme l'on procède, pourvu que l'on commence bien et que l'on finisse bien.

LE SURVEILLANT GÉNÉRAL
Mais c'étaient des personnages inoffensifs et par-dessus tout, des êtres humains comme vous et moi !

ALEXANDRE
Qu'importe ! L'un et l'autre furent des fripouilles, emplis de stupidité ! Le caïd sera emprisonné à vie comme sous les Romanov et cet écrivain infatué fut un comique qui nous fait rire maintenant que nous l'avons tué et manipulé

dans le même temps !

LE SURVEILLANT GÉNÉRAL

C'est un drame effroyable ! Messieurs vous êtes
des assassins !

LE SURVEILLANT IGOR

Vous me permettez, chef ! C'est du beau travail ce
que nous venons de faire ! Supprimer cet écrivain
inefficace même si ce fut d'une façon
inaccoutumée semblait nécessaire ! Nous ne
l'avons pas tué pour rien ! Il devenait dangereux
pour nous tous ! Nous avons tout essayé pour le
dissuader de lutter contre notre classe de meneur !
Nous l'avons ménagé pour lui éviter qu'il soit une
proie facile pour les prisonniers les plus sadiques
ou les plus vicieux, nous l'avons même favorisé
pour la cantine. C'est en somme une affaire
classique. Réfléchissez, chef, réfléchissez, vous êtes
sur terre alors que lui est décédé ! Réjouissez-vous,
comme il se doit, de cette mort, en vous
disant : « Quelle joie que ce soit lui et pas moi ! »
Dites-vous avec satisfaction : « Il a trépassé, n'est-
ce pas ? Et moi, je vis toujours ! » Sans compter
que vous allez être promu à un autre poste ou que
vous allez monter en grade, que vous allez gagner
beaucoup d'argent ou que vous allez acquérir de la
fortune, que vous allez être muté en province
comme vous le souhaitez depuis longtemps déjà.
Voilà qui va faire plaisir à votre famille. Vous

n'avez jamais rien voulu de meilleur, rien de moins meilleur, cela j'en suis très sûr ! Quant à cet individu, je m'étais bien dit qu'il ne s'en relèverait pas ! Ou, du moins, qu'à cause de sa politique ou disons à cause de ses croyances, il ne réussirait pas à convaincre ou à se mettre d'accord avec chacun des détenus. Dommage !

LE SURVEILLANT GÉNÉRAL
Pourquoi êtes-vous si durs et si sévères ? Ne sommes-nous pas des êtres humains ?

LE SURVEILLANT IGOR
Examinez la cellule ! Tout est en désordre ! Les lits sont défaits ! On se demande pourquoi ils ne sont pas propres ces prisonniers ! Et pour finir ils font en sorte que leur cellule sente mauvais ! Nous allons donc ranger la sculpture dans un coin et nous allons devoir fermer la pièce pour la rendre proprette et élégante. En tous cas, rien ne doit nous empêcher, ce soir même, de faire une partie de cartes. Nous allons jouer pendant que les hommes de service nettoieront la cellule ! Rien ne pourra nous empêcher de passer une agréable soirée ! Faites-vous dur, chef, faites-vous dur ! Abattez la canaille à coups de marteau ! Soyez abject et atroce pour ces porcs ! Offrez-vous donc des vacances de luxe, chef ! Soyons ensemble courageux, inflexibles, sévères ! Soyons aussi et surtout insouciants !

LE SURVEILLANT GÉNÉRAL

Mon Dieu, est-ce possible d'entendre ça ! Et puis, cet écrivain, qu'est-ce qu'il pouvait faire ? Il était enfermé !

ALEXANDRE

Sans aucun doute. Pourtant ça ne nous concerne plus ! Le caïd ou lui c'est kif-kif ! Eux sont des morts mais rien de tel pour nous. Nous, nous sommes avant tout des vivants et nous jouissons de la vie. Les autres, tous les autres vivent pour autant que nous le leur permettons ! Nous répugnons à soutenir les déshérités, les défavorisés, les malvenus et tous ceux qui prennent leur parti. Ce sont nos ennemis et il ne faut pas leur accorder une seule chance, ni ouvrir des négociations avec eux, ni croire en leurs servilités. Abattons tout ce peuple impotent comme des chiens ! Certains individus ont le droit de vivre un peu comme nous, non pas tout le monde. Pas les ouvriers ni les paysans, nous ne les supportons pas ! Cela nous ferait du bien de jeter cette fourmilière dans des fours crématoires. Oui, nous brûlerons méchamment cette colonie de fourmis infectes ! Or c'est dans cette optique poussée à l'extrême qu'il faut nous considérer. Nous sommes des pourvoyeurs de vie ou de mort. Tout ce qui doit être dompté, tout ce qui doit être vaincu, passe nécessairement par nous. Nous excitons ou nous calmons. Nous transformons ou nous détruisons. Nous éclairons ou nous éteignons. Nous écourtons ou nous faisons durer. Si nous le voulons nous décidons de telle ou telle façon. Si nous hésitons nous posons des critères. Si nous désobéissons n'exigez de nous aucune explication. C'est ceci qu'il convient d'embrasser du regard si vous voulez nous comprendre ou vous former une idée nous concernant, pour savoir quand et comment nous décidons, ou ne décidons pas. Le reste est superflu !

On frappe à la porte, faiblement. Une pause. On frappe une deuxième fois, pas plus fort. Une pause. On frappe enfin de façon audible. On aperçoit tout ceci sur grand écran en gros plan et en noir et blanc.

LE SURVEILLANT GÉNÉRAL
Qu'est-ce que vous voulez ?

Entre un autre gardien.

L'AUTRE SURVEILLANT
On appelle monsieur. *Il désigne Alexandre.*

ALEXANDRE
Qui m'appelle ?

L'AUTRE SURVEILLANT
Votre femme Olga.

ALEXANDRE
Ah, très bien ! Allons-nous-en d'ici !

LE SURVEILLANT IGOR
Encore une fois, que dirons-nous aux autres pour cette mort ?

ALEXANDRE
Rien ou à peu près. Il y avait peu d'espérance de toute façon que Hovhannès vive, et il n'aurait pas été d'une immense utilité dans n'importe quelle société aussi bien que dans la nôtre ; mais je ne m'arrêterai pas là-dessus. Écoutez, le plus sûr et le meilleur de tous les artifices est de le faire passer pour un malade mental. Dites que c'était seulement une question de maladie mentale. Dites qu'il est mort fou. Maintenant allons-nous en d'ici.

LE SURVEILLANT IGOR
Attendez chef ! Attendez-nous un instant, juste un instant ! Nous reviendrons très vite. Vous nous attendrez ici, n'est-ce pas ?

ALEXANDRE
Pour quoi faire ?

LE SURVEILLANT IGOR
Pour une simple formalité. Vous nous attendrez, n'est-ce pas ?

ALEXANDRE

Oui mais dépêchez-vous ! L'on m'attend, vous le savez.

Long silence. Puis brusque apparition du Diable en un Étranger. Au bout d'un moment, Alexandre le remarque.

ALEXANDRE

Qui êtes-vous ?

LE DIABLE

Un du KGB...

ALEXANDRE

Du KGB ! Mais comment êtes-vous entré ici ?

LE DIABLE

Par la porte d'entrée pardi !...

ALEXANDRE

D'entrée ? Mais qui vous en a donné la permission ?

LE DIABLE

Ah ! Ça !...

ALEXANDRE

Bon, bon admettons... Mais que me voulez-vous ?

LE DIABLE
Je veux vous parler du meurtre de Hovhannès que vous avez vous-même commandité...

ALEXANDRE
Ah ! je vois que monsieur est au courant !... mais bref au juste que voulez-vous savoir ?

LE DIABLE
Ce meurtre était-il votre fait ou fut-il celui d'un autre ? Du Diable par exemple...

ALEXANDRE
Du Diable ! Ha, ha laissez-moi rire ! Il n'y a pas plus de Diable que de bon Dieu... Et puis si ces deux charlatans existaient ils me le pardonneraient bien volontiers va !

LE DIABLE
Comment ça ?

ALEXANDRE
Oh je me suis assez entretenu là-dessus aujourd'hui... ha, ha le Diable et le bon Dieu ! Quelles bêtises ! ô ! Quelles bêtises !

LE DIABLE
Mais s'ils existaient ?

ALEXANDRE
Eh bien nous serions tous pardonnés !

LE DIABLE
Tous ?

ALEXANDRE
Eh oui tous ! Mais la question ne se pose même pas puisque tous deux n'existent pas... ha, ha le Diable et le bon Dieu... ha, ha le Diable et le bon Dieu... quelle rigolade ! Tiens ! rien que pour avoir dit ça on me laisserait des tas de pourboires...

Alors Le Diable le fixe sournoisement et puis Alexandre s'en va. Il s'en va en emportant une serviette en cuir sous le bras tout en sifflotant assez joyeusement l'air déjà indiqué de Michel Polnareff.

LE DIABLE *après qu'Alexandre se soit éloigné*
Oh fou ! Pauvre, pauvre, pauvre fou ! Jamais personne ne te donnera de pourboire... va au diable ! Pauvre, pauvre fou !

On entend par la suite de la musique bizarre, on voit des démons qui dansent et le tout baigne dans un univers sonore de cris, de fragments de voix, de sons inarticulés, d'échos stridents, etc. Ensuite tout disparaît. Puis faible bruit de pluie. Puis bruit de pluie légèrement plus fort. Puis bruit de pluie qui s'amplifie jusqu'à ce que l'orage éclate. Puis la neige tombe à gros flocons. Un instant tout est resserré dans le noir. Ensuite la lumière revient peu à peu, hors de tout excès. À ce titre, l'écran qui a servi plus haut, doit être servi maintenant comme dans une salle de projection. Tel un écran de cinéma, il se trouve en effet que celui-ci nous permet de voir Hovhannès comme ressuscité d'entre les morts. Sur l'écran Hovhannès doit avoir le visage très paisible, mais on le voit tout d'abord le visage tourné vers le ciel comme s'il était intrigué. Ou comme s'il le regardait avec un air tout à fait digne de respect. Je propose qu'il soit ici silencieux pendant un moment. Quand il baisse ensuite son regard vers nous, Hovhannès doit se montrer comme fasciné en même temps qu'apeuré par le spectacle qu'il vient de voir. Peut-on dire qu'il vient de voir les horreurs monstrueuses de l'Enfer ? Je ne sais. Reste qu'il nous dit tranquillement ce qui suit :

Je t'obéis, ô Seigneur, puisque tu me demandes
de parler.
Ô Hommes fuyez le Mal et soyez enfin
raisonnables ;
et deuxièmement, parce que la fin des temps est
toute poche
ô Hommes convertissez-vous !

Pourquoi tardez-vous ainsi ?
Si vous estimez que l'acte de faire le Bien est
difficile,
réfléchissez qu'il est infiniment plus atroce
de s'abîmer dans le Mal.

Détruire est bien plus pernicieux
que construire.
Souffrir nous concerne tous,
mais faire souffrir est largement répréhensible.

Les malheureux n'en finissent pas de pleurer
et ils se sentent chassés au fond d'eux.
Mais malheur à vous,
les fauteurs de troubles !

Car le jour du Jugement approche !
Pourquoi continuer ?
Pour quel motif ?
Qu'attendez-vous ?

Ô vous qui dormez,
qu'est-ce que vous attendez pour vous réveiller ?
Ô Dieu,
c'est à tort qu'ils agissent ainsi !

Entend le cri des malheureux,
mon Seigneur et mon Dieu !
Tout tort sera redressé.

Et seule la Vérité triomphera.

En effet, nous voici proche de Harmaguédôn.
Nous en voici tout proche.
Il avance,
en silence il avance.
Il avance en silence
à cause du Mal.
Du Mal qui règne dans nos actes,
qui règne dans nos cœurs.

Mais l'issue inévitable de l'Apocalypse
ne doit pas nous faire peur.
Puisqu'elle est une Révélation,
Révélation d'un autre temps.

Tout ce que Jésus vous demande,
c'est d'accueillir cette Apocalypse
avec un cœur d'enfant,
avec l'âme des tous petits.

Soyez donc loin des discours catastrophistes,
soyez libres de tout préjugé,
soyez également des mendiants de l'amour,
soyez finalement des quémandeurs de l'esprit.

Par conséquent, ô vous, Hommes,
étudiez la Bible et cessez de faire le Mal.
Et si quelqu'un fait le Mal et ne s'en repent pas,
le Mal le rongera pour l'éternité.

L'Esprit maléfique
gouverne le Monde.
Fatal à sa vie
l'homme enchaîné par lui.

Ah ! pitié Seigneur
pour celui qui est aveugle !
Mon frère, incline-toi devant la Providence.
Mon Dieu, sauve-le, sauve mon frère !

Mon ami !
tremble devant l'abîme entrouvert sous tes pas !
Mon ami !
ne vois-tu pas que j'implore le Ciel pour toi ?

Aujourd'hui l'humanité,
notre humanité,
traverse l'âge spirituel le plus obscur qui soit
et les ténèbres vont en s'épaississant.

Gare !...

À ce moment-là, des larmes de sang s'écouleront du visage de Hovhannès, un peu comme avec les statues de la Vierge Marie qui versent miraculeusement des larmes de sang ci et là. Ensuite on entendra la musique de Faust *(Gounod ou Stravinski). Puis silence et obscurité.) Enfin, la sculpture Le Penseur, comme par un fait exprès, est remplacée par la sculpture de Maillol* La Montagne, *représentant une femme assise. Tout doit donc se passer comme si le Seigneur Jésus l'avait lui-même remplacé. Pourquoi ? Parce qu'il semble que l'œuvre de Maillol servira de modèle à ceci : en fait, elle servira nécessairement et obligatoirement au profit de l'intériorité, ce qui semble aussi d'avantage correspondre à la nature de notre Hovhannès. Et, par ailleurs, la sculpture,* Le Penseur *de Rodin paraît plutôt obéir à la combinaison de la forme et de la lumière, du mouvement et de l'illusion, etc. Bref, elle est beaucoup moins caractéristique de ce que peut être réellement mon Hovhannès. Pour terminer, Hovhannès dira ceci :*

HOVHANNÈS
Merci Seigneur ! J'aime beaucoup plus cette sculpture que la précédente. J'aime mieux, Seigneur, Toi qui Sais tout, cette sculpture de Maillol intitulée *La Montagne* parce qu'elle nous ramène plus à la terre. Terre ! Que je quitte maintenant pour te rejoindre Seigneur des seigneurs ! Et permets-moi donc Seigneur Jésus de quitter notre si suspecte terre avec ce magnifique Psaume 120 :

« Je lève mes yeux vers les *montagnes*

C'est de là
que vient mon aide

Mon aide vient de Yhwh

celui qui fait le ciel et la terre

Il ne fait pas trébucher ton pied
ni s'endormir celui qui te garde

Regarde il ne s'endort pas
il ne dort pas le protecteur d'Israël

Yhwh c'est celui qui te garde

Yhwh

oh l'ombre à ta droite

Pendant le jour pas de soleil dur

Ni de lune
dans la nuit

Yhwh te garde du malheur il garde ton être

Yhwh te garde
si tu sors et si tu rentres

De maintenant à toujours »

Adieu ô terre
Adieu ô hommes !
Ayez toujours votre Regard tourné vers les
Montagnes !

*Gros plan final sur la sculpture de Maillol puis musique
de Michel Polnareff et puis le rideau final*

POSTFACE

Au sujet de la dictature actuelle

Dans notre monde actuel, il y a comme une sorte de malentendu et même comme une sorte de tricherie. L'on se trompe en effet et l'on veut nous tromper par la même occasion. Davantage : d'une part, il y a de plus en plus de tyrans inintelligents en comparaisons avec d'autres jadis un peu plus futés. D'autre part, notre civilisation contient plus que jamais des esprits eux-mêmes dictatoriaux. Ne serait-ce que dans l'art en général. La plupart des créateurs s'installent confortablement dans leur art et réfléchissent à qui mieux mieux à comment écœurer ou scandaliser le plus grand nombre. Ils n'ont plus hélas que cette seule visée. Depuis longtemps déjà, le public a cédé et a fini lui aussi par mépriser le beau et l'harmonie dans l'art. Mais est-ce sa faute ?

Nous sommes tous des esclaves d'un déroulement arbitraire : les artistes actuels se chargent de nous dégoûter du beau parce que le beau a l'air facile. Et le beau est devenu un véritable épouvantail. Comme dans la peinture, comme dans la sculpture, etc., à cause du mépris qu'on lui porte. Et c'est bien évidemment assez regrettable.

Mais avec ma faible participation, ouvrirai-je une voie nouvelle ou tout au moins un retour possible vers le classicisme et l'art traditionnel ? J'ose le croire. Et si oui, alors je m'en réjouirai d'avance. De plus, je ne suis pas contre l'académisme, en revanche je suis contre la nouvelle convention qui règne en ce moment. Et quelle est-elle ? Celle issue du cubisme, de l'abstraction, et surtout celle issue de l'héritage post-duchampien. Depuis longtemps, cet art s'impose partout, j'allais dire de manière universelle. Et si l'on veut être un artiste à la page il faut en quelque sorte se mouiller dans un art absent, où le beau et le sensible interviennent si peu. Sinon pas du tout. Et combien de nos jours il est plus que difficile de s'écrier en face d'une œuvre d'art : Comme c'est beau ! C'est quasi rare.

Personnellement placé sous l'angle de Maurice Maeterlinck et d'Octavio Paz je me dis que j'admire sincèrement leur démarche à tous deux. Je puise chaque jour dans leur œuvre littéraire. Dans l'un je puise par exemple dans *Le trésor des humbles* et dans l'autre je puise par exemple dans *L'autre voix*. L'un m'apporte dans le domaine du théâtre, l'autre, dans le domaine de la poésie. L'un prônant le tragique du quotidien avec tout ce que cela comporte comme renoncement vis-à-vis d'un théâtre artaunien. Parce que personnellement son côté volontairement Hystérique me déplaît tout à fait – j'écris ici volontairement « hystérique » avec une majuscule. Et d'après moi tous les miracles théâtraux ne se déroulent en fin de compte que dans le pur silence, que dans la pure tranquillité. L'autre enfin, Octavio Paz, proposant de renoncer intelligemment avec tous les scandales révolutionnaires constitutifs des soi-disant avant-gardes. Peu à peu ces deux poètes penseurs m'ont enrichi mieux que tout autre. Au fil du temps, en effet, ils m'ont appris à rompre avec les idées reçues.

Eh bien oui, personnellement, je suis absolument d'accord avec ces deux poètes penseurs. À mon humble avis, ils ont tous deux raisons. Mais pas seulement raison, ils prônent l'évidence même. Quand on sait ce qu'est devenu notre art post-duchampien ! Un art uniquement préoccupé d'ironies et de blasphèmes ! À Dieu ne plaise, changeons maintenant de cap.

Oui, assez de moqueries !

Assez de scandales comme ça !

Assez de scandales qui nous tournent en bourriques !

Assez de scandales qui ne débouchent sur rien !

Car on ne crée plus pour instruire mais principalement pour détruire ! Et s'ils aiment les ruines autant dire que tous ces artistes se sont légèrement trompés de siècles. D'autres les ont aimés avant eux. Oui, c'est piteux, et c'est même risible, qu'on se veuille essentiellement iconoclaste !

Assez, assez... messieurs les poncifs d'un art soi-disant moderne ! Ah la belle affaire ! Car ils sont modernes pour qui ? Pour quoi ? Ils se disent rebelles et communicatifs dans leur insurrection mais qu'ils apprennent que durant le surréalisme

Breton est tombé dans les bras de Buñuel en pleurant parce qu'il n'y avait plus de scandale à proprement parler déjà à leur époque... Donc fi de scandales ! Car le public les boude. Car le public à présent fait la grève... Et celui-ci a raison de ne plus comprendre leurs œuvres ni de fréquenter leurs vernissages ! Je parle bien évidemment du plus large public ou du plus grand nombre et non pas des cinquante ou soixante apothicaires qui soutiennent tous ces artistes fatigués... tellement ils sont à bout de souffle.

En bref, où est passé le type de beauté classique qui nous émouvait tous enfants ? Dans les chiottes, je crois ! Ou peut-être dans un bidet ? Ou sans doute est-il accroché à une roue de bicyclette ? etc. Suffit donc ! Que l'on suspende notre beauté et notre harmonie à nous à la vigne et l'olivier, ma foi, je veux bien. Mais je ne veux que l'on me force à les contempler dans des WC turcs, par exemple. Et je dis cela au hasard de mes humeurs, au hasard de mes vapeurs. Par conséquent, je vous en prie, (comme le rappellerait Nietzsche, s'il était encore parmi nous, lui, ce grand penseur au goût si classique, j'allais dire au goût si timoré), eh bien, comme notre philosophe, nous aussi nous disons bien volontiers : Ô artistes, préparez-nous des fêtes ! Mais de vraies fêtes et non pas des lendemains de fêtes comme lorsque l'on se réveille après avoir eu une gueule de bois ! Encore une fois donc : Ô artistes préparez-nous des fêtes ! Mais de belles et vraies fêtes ! Comme lors d'un Banquet platonicien...

En vérité, ce devrait être pour tout le monde une jouissance extraordinaire d'unir la beauté de leur âme avec la vérité de leur conscience enfouie au plus profond d'eux-mêmes. Seulement voilà, le beau a l'air facile, et c'est ce que le public lui-même méprise. Mais il le méprisera jusque quand ?

Si donc des arts en général la dictature est instituée, et si nous ne pouvons plus guère nous passer d'elle, sans du coup paraître ringard et réactionnaire, il est alors temps de déposer son tablier et de s'en aller dans les champs un peu comme si l'on assumait à soi seul la défaite et des hommes et des arts. Tant pis si tel était le cas ! Car j'en prendrai par moi-même le risque et je le mesurerai tout à fait. Mais fort heureusement nous n'en sommes pas encore à cette extrémité-là... Il faut l'avouer, il reste un petit espace de liberté pour créer comme l'on veut ! Mais pour combien de temps encore ? Et pendant combien de temps pourrons-nous encore utiliser les fonctions supérieures de l'esprit et nonobstant cela surtout celles prédominantes du cœur ?

Juillet 2012